大学生活を楽しむ護心術

● 初年次教育ガイドブック

宇田 光 著 Hikaru Uda

Critical Academic Literacy

ナカニシヤ出版

はじめに

　大学に入学して,いよいよまったく新しい環境での生活が始まる。大学は学問・研究の場であり,本来は遊びや娯楽とはほど遠いかたいイメージかもしれない。しかし,大学のもつ各種の施設やサービスをよく知ってうまく活用すれば,実に楽しめるところでもある。今日の大学は「レジャーランド化」した,などと批判されることもあるほどなのだから。

　浅羽(1996)は,現代の大学を,江戸時代の「お伊勢参り」にたとえている。江戸時代の庶民は,一生に一度,伊勢神宮を参拝した。実はこの伊勢参りとは,世間の見聞を広めるための大旅行だった。そして,同時にそれは,一人前になったことの証という意味ももっていたという。

　現代の日本では,高校卒業者の二人に一人が大学に進学する。実際,高校を卒業しただけの学歴では,就職がきわめて難しい時代にはいった。他の人も行くからとか,とにかく大学に進学するしかない,という消極的な動機で行く人も増えているわけだ。

　だからこそ講義やゼミ・卒業研究などを通して,教養や専門的知識を身につけよう。多様なクラブ活動やサークルに参加し,スポーツで身体を鍛えることもできる。音楽やさまざまな芸術・創作活動に打ち込むこともできる。これらの活動を通じて,数多くの仲間もできる。アルバイトで資金を稼ぎ,旅行をするのもよいだろう。

　本書では,大学で安心して学び楽しむために,知っておくべきことを整理している。

　まずは,大学の授業や勉強の仕方に慣れることである。本書の第一部では,大学の授業や試験について整理している。大学の授業は,高校までの授業とはかなり異なる。百人以上が受講する大教室での

授業から、ゼミ室での少人数の授業まで、多様な科目が準備されている。また、90分授業である場合が多い。さらに、成績の評価は、期末試験もあるが、指定されたテーマに沿って書いて提出するレポートも、重要な意味をもってくる。レポートはどうやって書けばよいのか、とまどう新入生は少なくない。

大学での4年間では、充実した生活を楽しめる。その一方、さまざまな困難や危険も迫ってくる。慣れない土地での一人暮らし、生活リズムの乱れ、精神の病、怪しげな悪質業者や詐欺、破壊的なカルトによる被害……こうしたさまざまな危険について、基礎知識を身につけ、自己防衛することが、まず必要となる。第二部では、このような問題を扱う。

諸外国と比べると、日本は統計的にみて犯罪率が低く、非常に安全な国である。とはいえ、実に油断ならない時代になってきたのも事実なのだ。振り込め詐欺、架空請求やネットでの商品売買をめぐるトラブル、マルチ商法の被害など、世の中には実にさまざまな詐欺、悪質商法がある。また、社会の変化にともなって、犯罪の形態も変わってきている。これらの手口をよく知っておくことが、最低限必要である。

また、健康を維持し増進することは、生活を楽しむ基本である。健康を保つために必要となる医学的な常識や、青年期に陥りやすい病気、酒やたばこのことについても、正しく知っておこう。

大学教員として、みなさんには楽しい大学生活を送って欲しい。できるだけ早く、大学での勉強の仕方を身につけて欲しい。クラブ活動やボランティア活動などで、楽しく幅広い経験をして欲しい。また、せっかくの大学生活を、避けられたはずの犯罪被害や病気などのトラブルで、台無しにしないで欲しい。そんな思いで、本書を執筆した。

目　　次

0　いまどきの大学 ―― 1

0.0　情報化を完了した日本と大学 ―― 1
0.1　情報過多の時代？ ―― 3
コラム①　ハノイの足持ち上げスリ　6

Part 1　大学生になって
大学での学び方を知る　7

1　大学で学ぶということ ―― 8

1.0　日本の大学 ―― 8
1.1　高校までとの違い ―― 10
1.2　クリティカルシンキング：情報を常に疑おう ―― 16
1.3　ごまかし勉強から「正統派の学び」へ ―― 17
コラム②　単位と学修時間　10
コラム③　メロスになれ　15

2　講義の受け方 ―― 19

2.0　授業科目の履修登録 ―― 19
2.1　持ち物 ―― 22
2.2　出欠席　存在をアピールする：顔を覚えてもらおう ―― 24
2.3　ノートの取り方 ―― 32
2.4　大学の教員を「つかまえる」方法 ―― 35

コラム④　発表準備は入念に　　**28**

コラム⑤　白と黒　　**29**

3　期末テストの受け方 ―――――― 39

3.0　準　　備 ――――――――――――― 39
3.1　試験当日の基本的な流れ ――――――― 42
3.2　試験問題 ――――――――――――― 43
3.3　追試と再試 ―――――――――――― 43
3.4　成績に対する疑義があるとき ―――――― 44

4　課題レポートの書き方 ―――――― 45

4.0　レポートとは ―――――――――――― 45
4.1　書き方の原則 ―――――――――――― 48
4.2　文献の引用 ―――――――――――― 54
4.3　図書館の利用 ―――――――――――― 56
4.4　BRD について ――――――――――― 58
4.5　卒論に挑む ―――――――――――― 63

コラム⑥　作文とアカデミック・ライティング　　**46**

コラム⑦　宇宙人やネッシーの証拠　　**47**

コラム⑧　長いお役所ことば　　**52**

コラム⑨　実習記録の書き方　　**53**

コラム⑩　年季の入ったレポートいろいろ　　**57**

Part 2　大学生活を楽しむ

護心術としてのクリティカルシンキング　65

5　大学生活ことはじめ ── 66

5.1　詐欺的商法への対策 ── 68
5.2　不思議現象に関する大学生の信念 ── 69
コラム⑪　恋愛の今昔　67
コラム⑫　「温室」としてのニッポン　69

6　破壊的カルトとその対策 ── 71

6.0　カルトとは何か？ ── 71
6.1　破壊的カルト ── 72
6.2　破壊的カルトの特徴 ── 74
6.3　自己啓発セミナー ── 79
6.4　疑似科学的カルト ── 81
6.5　破壊的カルトへの対策 ── 83
コラム⑬　盲目的服従　73

7　悪質商法 ── 85

7.1　振り込め詐欺 ── 85
7.2　詐欺や悪質商法の手口 ── 86
7.3　対　　策 ── 89
コラム⑭　振り込め詐欺の実際　86
コラム⑮　悪質商法の手口を知る　88

8　知っておくべき心の病 ———————— 92

- 8.0　身の回りにある心の病と個性 ———————— 92
- 8.1　う　つ ———————— 93
- 8.2　統合失調症 ———————— 93
- 8.3　不安神経症 ———————— 94
- 8.4　境界性人格障害 ———————— 95
- 8.5　対　策 ———————— 96

9　酒とタバコ，そして自動車と自転車 ———————— 98

- 9.1　酒 ———————— 98
- 9.2　タ バ コ ———————— 100
- 9.3　自 動 車 ———————— 101
- 9.4　自転車（チャリ） ———————— 104
  - コラム⑯　教習所（自動車学校）通い　**102**

文　献 ———————— 106

 いまどきの大学

 0.0 情報化を完了した日本と大学

　大学は変わりつつある。変わらざるを得ない状況にある。

　筆者は20年以上にわたって、大学で教えてきた。この間、情報技術の進展はめざましいものだった。大学院生の時代は、まだワープロ専用機が出始めだった。PCもまだ一般には普及していなかった。大学で使う計算機といえば、「大型計算機センター」で利用するものだった。実に存在感のある、高価で巨大な機械であり、数多くの研究者が共用する貴重なリソースだった。

　筆者が大学教員になった頃は、しきりに「高度情報化時代」ということが言われていた。新しい基本ソフトのWindowsが出周り始める前である。MS-DOSと呼ばれる基本ソフトの時代で、PCメーカー間でソフトの互換性さえなかったため、N社のソフトを持っているのだが、T社製のPCでは使えない、などという不便を強いられた。それでも大学では、教室に高価なPCを何十台も購入して「情報処理教室」を整備し、情報教育が始められていた。

　ところが今日では、すっかり情報化が進んでしまった。もはや「情報化」とはあまり言わなくなっている。PCを利用し、情報をうまく活用できることが、あたりまえとみなされる社会になった。情報機器の扱いが苦手だと「情報難民」などと、ひどい呼ばれ方をされたりする。もっとも、PCを用いてウェブで就職活動をやる時代である。情報リテラシーが身についていないと就活もできないというのは、決して誇張ではない。文字通り食うに困るというわけで、難民並みになりかねないわけだ。

　昔は、レポートも原稿用紙に手で書いて提出するものだった。あ

っという間に，学生一人が1台のPCを持ち，インターネットに接続できる時代になった。今はインターネットを駆使して，ワープロですばやく書こうとする。提出もe-mailを用いる場合がある。私自身も，何でもPCを用いて書いているので，よく漢字を忘れてしまう。黒板に簡単な字が書けなくて，あせることが増えてきた。

情報産業の一種である大学も若者も，このような環境の激変に，翻弄されている。大学は従来，高度な知の牙城としての権威を振りかざしてきたが，もはやそのような情報の独占はできない。一方，若者も情報社会への適応を迫られている。彼らは，新しいものを採り入れるのは得意だし，実際うまく使いこなしていると思う。ただ，こうした便利な機器の背後にある危険性の認識は不十分かもしれない。

また，日本が少子化しつつあることにともない，大学は「全入」（希望さえすれば，どこかの大学には入れる）時代に突入している。受験生の獲得に熾烈な競争を強いられて，さらには存在意義そのものを問われている。

現代の大学に対しては，広く社会からのきびしい目が向けられている。大学レジャーランド論は，中でも有名である。学生が遊んでばかりいて本来の勉強をしていないのではないか，ということである。実際，各種の調査を見ると，日本の学生は概して勉強していないと言わざるを得ない。

大学生がエリートだった時代はとうの昔に終わり，今や二人に一人の若者が大学生になる。大学に求められるものも，変わってきている。とはいえ，これらの批判の多くはもっともであり，時代の変化に合わせて大学はさまざまな改革をしなければならず，また実際に進めている。

このように多くの困難や矛盾をかかえて，転換点にあるというのが大学の現状である。しかし，やり方や工夫次第で，大学にいるからこそ得られるものは多い。大学の存在意義は，やはり何よりも高度な専門的知識や教養を得ることにある，と多くの人が思うだろう。

加えて，何にでも挑戦し，自分の可能性を試すことのできる場でもある。一生の友人に出会える場ともなりうる。

 ## 0.1 情報過多の時代？

江戸時代，幕末には，開国を迫ってやってくる外国船に対して，大砲を撃って追い払おうという思想が有力だった。実際，倒幕の中心的役割を担った長州藩も薩摩藩も，外国と闘った。ボーダレス化，グローバル化の進んだ現代の日本人が振り返ってみれば，当時の人々の対応がばかげてみえるかもしれない。

しかし，昔はテレビニュースがあったわけでもない。携帯電話の電波がとびかっているわけではなかったし，外国からはいる情報も限られていた。まことに情報不足の，知に飢えた時代だったと言えるだろう。

PCはおろか，電話もない，コピー機もない，何もない。かろうじて書物はあったが，非常に高価であり，庶民が気軽に買えるものではなかった。寺子屋などで，庶民が学習する機会も設けられていた。また，武士は藩校で学ぶことができた。しかし，現在でいう公的な高等教育機関は未発達であった。

それでも坂本龍馬に代表される幕末の志士たちは，情報不足の中で必死に学んだ。偉い先生がおられるといううわさだけを頼りに，海を越え，山を越えて教えを請いに行った。長州藩，吉田松陰の松下村塾などに代表される私塾は，多くの有能な門下生を生んだ。そんなひたむきな努力の末に，明治維新への道を切り開いたからこそ，志士たちは英雄として尊敬されている。

これに対し，現代の日本は逆に，情報過多の時代を迎えている。洪水という表現をする場合もある。その中身は，高度に専門的な情報から，まことに個人的なぼやきや他人の中傷に至るまで玉石混淆（ぎょくせきこんこう）である。本当に必要な情報を取り出すことは，容易でない。

つまり，江戸時代とは逆に，情報が多すぎてそれに翻弄（ほんろう）されてし

まうという困難を抱えている。「私こそは神だ」とか「巨大な隕石が地球に落ちてきて，人類は滅びる」などと叫ぶ人はいつの時代にもいる。昔は，そんなことを言う人の影響力は限られていた。しかし今では，とんでもない風説がインターネットで流れて，あっという間に社会を大混乱させるおそれがある。膨大な情報の波に流されることのない，確かな目や耳を養っていく必要がある。

具体的に言えば，①膨大な情報の中から，本当に必要な情報を受け入れ理解できる，②それが本当なのか批判的に検討する，③自ら情報を発信する，などの能力をつけることが求められる。以下に解説しておこう。

0.1.1 「本当に必要な情報を受け入れ理解できる」

この点は，非常に誤解が多いので注意が必要である。情報社会だから，「細かいことを覚えるのは機械（コンピュータ）にまかせて，人間は創造的な仕事に専念すべきだ」という言説を目にすることがある。「情報社会」なので，だれでも簡単に情報を手に入れることができる，というイメージをもってしまうらしい。これは全くの誤解である。

確かに，あまり詳細な知識をすべて頭に詰め込む必要がないというのは，多くの場合その通りだろう。必要に応じてわからない所を調べればよい。それに，現代ではインターネットの検索エンジンに見られるような，強力な手段もある。

しかし，人間の知的作業のしくみを無視した幻想に陥ってはならない。基礎的な知識なしには，高度な情報はいくらあってもまったく無意味でしかない。つまり，「手に入れた」ことにはならない。情報を利用できる知的な土台を育てることが，求められる。結局，楽して「手に入れる」ことなどできないのだ。

情報は，それを受け取る側の能力や知識しだいで，全く異なる意味を持つ。それなりの体系的な知識があり，適切な判断力がある人だけが，本当に必要な情報を見抜くことができる。

目の前に缶詰があるからといって，それが誰にでも食べられるとは限らない。缶詰を開けるには，缶切りなどの道具がいる。缶切りを持たない人にとっては，缶詰は単なる金属の固まりでしかない。いつまでたっても，中身を楽しむことはできないだろう。これと同じである。

0.1.2　その情報が本当なのか批判的に検討する

このことを，本書では強調している。実に怪しい情報が飛び交う現代，批判的にその真偽を見抜く能力を身につけておくことが大切である。缶詰の中身を調理し，食べる前に，まず消費期限を確かめたり，変なにおいがしないかを確かめる。これに似ている。

くわしくは1.2で改めて述べたい。

0.1.3　自ら情報を発信する

このことの重要性は，多くの識者によって指摘されてきた。日本は明治維新以来，欧米諸国に追いつけ，追い越せ，と新たな知識を受け入れることに必死になってきた。一方，創造し，発信することがおろそかになっていたのではないか，という指摘である。

ほんの数十年前には，所在不明の相手に連絡を取る有効な手段がなかった。それが現代の日本では所在の如何に関わらず，家族や友人と自由自在に連絡を取りあうことができる。相手の携帯電話の番号やメールアドレスを知ってさえいればいいのだ。高度な情報環境が整ってきたおかげである。

さらに誰もがその気になれば，全世界に向けて情報発信できる時代になった。個人でウェブページやブログを開設する。また，ツイッターやフェイスブックなど，新たな情報発信ツールが次々と登場してくる。実におもしろい時代にはいったと言える。ただし，そうした新しいツールは新たにさまざまな危険性ももたらす。個人情報漏洩などの危険性を知っておかなければならない。

コラム① 　ハノイの足持ち上げスリ

　大学時代は，海外を体験する絶好の機会である。ひとたび就職してしまうと，海外に出るまとまった時間は，なかなか取れない。一度でも経験しておきたいものである。

　大学の授業や短期語学研修などの機会があるだろう。観光目的や卒業旅行などで海外に行く人もあるかもしれない。

　海外旅行や外国での生活を充実したものとするには，幅広い知識が必要となる。たいてい，現地で必要を感じてから学んでも，まだ間に合う。しかし，渡航前に是非とも最低限身につけておくべきことがある。それは，防犯や健康の維持に関する基礎知識である。つまり，自己防衛術である。

　一般に海外では，国内での生活と比べて，さまざまなリスクが飛躍的に高くなってしまう。日本は，先進諸国の間で比較して，犯罪にあう率が非常に低い国である。逆に言えば，いま安全な日本にいる日本人は，海外旅行に出た瞬間，危険性が一気に高まるのである。

　私もベトナムのハノイ市内で，危ない目にあったことがある。ホテル前でタクシー待ちをしていたところ，現地人の男性が笑顔で近づいてきた。どうもスリか何かだな，と思って警戒していると，その男は突然両手で私の片足をつかんで，持ち上げ始めたではないか！「抱きつきスリ」というのはあるが，「足持ち上げスリ」とは……。とにかく，ターゲットの意表をついて，スキを作り出すという手口である。この時身体が無防備になってしまうので，その瞬間に貴重品を盗むのだろう。とっさに上着の内ポケットに入っていた財布を押さえて逃れた。

　目をつけたターゲットのスキを作り出すためには，さまざまな方法が用いられる。路上ですれ違う際に，アイスクリームなどを被害者の上着に意図的につける。そして，親切を装って拭き取るふりをして，貴重品を盗む。ほかにも，ターゲットの周囲にコインをわざとばらまく手口がある。それに気づいたターゲットが拾っている間に，共犯者がカバンを置き引きする。アイスクリームをつけるのは，古典的な手口である。アイスクリーム・スリという言葉さえもあるようだ。

　敵もプロなので，いろいろと新手を考え出す。基本は「注意をそらす」ということである。周囲で何か突発的な事件が起こったら，この手の犯罪者の仕業かと疑うほうが良い。

Part 1

大学生になって
: 大学での学び方を知る

1 大学で学ぶということ

> 考えてみよう！　　　　　　　　　　　　　　　【400字】
> 高校までと比べて，大学の勉強にはどんな特徴があるだろうか。

1.0　日本の大学

　海外に目を向ければ，無数の大学がある。しかし，いくらグローバルな時代とはいえ，費用や語学の問題もある。多くの高校生は，国内で進学先を探すことになる。

　現在，全国に国・公立，私立合わせて770以上の大学がある（これに加えて，短期大学も400あまりある）。学生数は，284万6千人（文科省，平成21年度学校基本調査，速報による）である。国立大学は全国に86で，学生数では全体の2割ほどを占めるにすぎない。公立大学も90ほどである。一方，私立大学は，その数も学生数も多い。日本の学生に石を投げると（あまり投げて欲しくないのだが），その7割は私立大学の学生に当たる。

　少子化がすすんだ近年，小・中学校・高校は統廃合が相次ぎ，学校数を減らしている。ところが，大学はなんと総数がわずかに増加している。一方，短大が大きく数を減らしているので，大学と短大とを合計した数は減っている現状にある（文科省，2009）。入学生を集めることができなくなった短大が，4年制の大学として生まれ変わった例も少なくない（なお，短大は平成16年から21年の5年間に，102校減少している。この間，大学は66校増えている）。

　短大は数こそまだかなりあるものの，規模の小さなものが多い。このため，学生数の比率でいうと，全体のごく一部を占めるに過ぎ

ない。本書では，単に大学と言う場合，主に4年制の大学のことを扱っている。しかし，短大でも授業や課外活動などの学生生活は，4年制大学と似ているところが多い。短大に在学中，あるいは進学希望の人にも，本書の記述は有用だろう。

伝統ある有名大学から新設の単科大学まで，国公立，私立，幅広くいろいろな大学が存在する。中には，何万人という学生をかかえる巨大なキャンパスをもつ大学もある。こうした大学にはたいてい，キャンパスが複数ある。それぞれの間をバスが結んでいたり，会議をテレビ会議システムでおこなったりしている。マンモス大学は毎年，何千人という数の卒業生を送り出しているから，伝統校ほどその累積数は膨大である。就職活動の際には，「OB訪問」という習慣がある。自分の大学を卒業して企業で働く先輩を訪ねて自分を売り込む，1つの重要な方法となっている。

このように，日本には数多くの大学がある。しかし，その大部分は都市圏に集中している。小・中学校や高校は，人口に応じて各都道府県に分散している一方，大学は東京や大阪などの都市圏に偏在している。

そこで，こうした都会の大学はたいてい，地方都市に入試会場を設けて，便宜を図っている。そして，地方の学生を都会へと引き寄せている。出身高等学校と同一の県内の大学へ入学する学生は，約4割に過ぎないのが現状なのである。そのため，地方の大学ほど経営が苦しい実態がある。こうした大学の経営が成り立たなくなると，地方における高等教育の機会は奪われることになる。

大学とはどういう所なのか，大学で授業を受けるには何に気をつければよいか。テスト勉強はどのように進めればよいのか……大学に入学したばかりの頃は，こうした数多くの疑問や不安があるだろう。そこで，以下に大学での学習が高校までの学習とどのように違うかを，整理しておきたい。あくまでも一般論であり，それぞれの大学によって事情が異なるので，注意して欲しい。

多様性は大学の特徴の一つでもある。だからこそ，みなさんは自

PART1 大学生になって

PART2 大学生活を楽しむ

1 大学で学ぶということ

分に合った大学を選ぶのに苦労したはずである。他大学に通っている高校時代の友人と話すと，あまりに事情が違ってびっくりするかもしれない。

1.1 高校までとの違い

すでに述べたように，大学での授業は高校までの授業とかなり違う。90分授業が一般的であること，少人数のゼミから大教室でおこなわれる講義まで，選択の幅が広いこと。大学によっては複数のキャンパスで授業を受けることもある。まずは単位のことから説明しておこう。

1.1.1 単　　位

大学では卒業までに，一定数の「単位」を取ることが求められる。ある科目を履修して半年か1年にわたって受講し，最後に期末試験を受けて合格すれば，単位が認められる。一般に，2学期制の場合では1学期で15週ほどにわたって授業がある。その後，1～2週間の期末テスト期間になっている。

コラム②　単位と学修時間

単位というのは，授業時間だけについて与えられるものではない。その前後，つまり予習や復習時間を含めて，計算されている。大学設置基準によると，1単位の授業科目は，「45時間の学修を必要とする内容をもって構成することを標準」となっている。通常の大学での講義は2単位，90時間分である。セメスター制では，1学期あたり15週であるから，毎週6時間となる。つまり90分（これを2時間として計算している）の授業に対して，4時間の予習・復習が求められているのである。

ただ実態はというと，学生の多くはそれほどの長時間にわたって予習・復習をしていない。全国8大学の学生を対象にした調査によると，1日あたり1時間ないしはそれ未満しか学習しない学生が，6割にのぼるという（溝上，2009，P123.）。

提携している他大学の授業を単位にできる「互換制度」をもつ大学もある。また，留学して外国の大学で得た単位を読み替えることもある。もちろん，認められる他大学の単位数には制限がある。よって，全部の単位を他の大学で取るという芸当はできない。

　単位数が不足すると4年間で卒業することができず，「留年」するはめになる。実際に，卒業までに5年，あるいは6年以上かかる学生も少なくない。海外に留学していたとか，病気のために休学していた，という具体的な理由があれば問題はない。ただ，特にそうした事情がないのに，5年以上かかって卒業する学生は，いざ就職活動（シューカツ）で企業などを回ってみると「だらだらと過ごしていた学生」とみなされやすい。印象が悪いのは事実だろう。

　たかが単位，されど単位である。単位の取得は大学卒業に向けて避けることのできない条件となる。ただ，単位を取ることが大学のすべてではない。間違えないで欲しい。

　就職活動での面接の際，「大学の卒業に必要な単位を取りました」と言うだけでは，何の自己PRにもならない。大学生なら授業に出席して単位を取るのは，あたりまえである。それプラス，「この貴重な機会を使ってどのような活動をしたのか」「卒論はどんな研究をしたのか，どんなスポーツで活躍したのか」「クラブ活動では何をしたのか」「どんなアルバイトに挑戦したのか」といった経験が問われる。

1.1.2　講　義

　大学での授業といえば講義と連想されるほど，伝統的に重視されてきた。全国大学生調査＊（金子，2008）によると，「これまで受けた

＊東京大学大学院教育学研究科，大学経営・政策センター（代表，金子元久）が実施した調査。全国の大学に，協力依頼状を郵送し，協力した127校（288学部）の大学生を対象とした。2006年から2007年にかけて実施。この結果，総計48233名の学生が調査に協力した。全174ページにおよぶ第一次報告書が，2008年5月，ウェブ上にアップされている。〈http://daikei.p.u-tokyo.ac.jp/index.php?Publications〉

1　大学で学ぶということ　　11

授業の形態」は約8割が講義となっている。このうち，100人以上のいわゆる大講義は全体の2割であった。

　講義はまさに伝統的，悪く言えば時代遅れのやり方である。もともと，情報の大量伝達手段が整備されていなかった頃に考え出された方法である。近年になるまで，複写技術や通信技術が未発達でまた高価であった。よって専門家が，口頭で一斉に多数の人に話をすることは，効率的だった。その伝統が続いているのである。情報通信技術が飛躍的に発達した今日では，もはやその必然性に疑問符がついて当然である。

　今後の大学教育においては，純粋な講義の比率は下がっていくだろう。より参加型，双方向型の授業形態が模索されている。とはいえ，すべての講義を即刻あわてて廃止する必要もない。その理由を述べよう。

　講義は教員の話を聞くことが中心になるので，受け身な学習方法とみなされやすい。しかしやり方次第では，必ずしもそうとは言えない。話を聞いて理解するという作業は，実のところ大変に集中力と知的能力を必要とすることである。伝統的な講義も，受講の構えや教員の工夫次第では十分，知的で能動的な活動にできるのである。講義とは，「聴く能力を磨くチャレンジ」の場と考えよう。そして可能な限りしっかりノートを取るようにしてみよう。

　高等学校までの教員はみな，教員として養成され，教員免許状を持ち，採用試験に合格して採用されている。もちろん，中には教え方の下手な先生や，人格的に問題のある先生もいるだろう。でも，少なくともみな免許状を持っていた。

　一方，大学の教員はもともと研究者であって，主に研究業績で評価され，採用される現状がある。つまり，教育者である前に，研究者という意識がかなり強いのである。そして，教員免許状も持たずに大学の教壇に立つ。そのためもあり，授業がうまくないと酷評されてきた。板書が不親切である，一方的に話す，専門的な用語が多くて難解である……。さんざんな評価であった。

しかし，近年では多くの大学で教育改善への努力が真剣におこなわれている。各種の視聴覚機器を用いてプレゼンテーションをしたり，ネットを用いて情報交換をする。また，グループワークなどを用いる協同学習を取り入れたり，小テストを繰り返したりと，さまざまな工夫がなされている。大学全体の取組としても，「学生による授業評価」などの方法が広く導入されている。そして，講義を受ける学生の意見を聞いて，改善がおこなわれている。そこで，授業をよくするための声を積極的にあげて欲しい。

1.1.3 ゼミ・卒論

ゼミ（ゼミナール，セミナー）という言葉は，①研究組織として，②授業形態として，の二つの意味をもっている。①の意味では，教員を中心に，大学院生や学部学生が共に学ぶ場である。4年生はたいてい，特定のゼミに所属して卒論を書く。教員の元に集うので，教員の名前を冠して，「高橋ゼミ」とか「伊藤ゼミ」とか呼ばれることになる。高校までのホームルームのように，大学生活の基盤という役割を果たしているとも言える。

一方，②の意味で言うゼミとは，少人数で議論したり，互いに研究成果を発表したりする参加型の授業や勉強会の形態である。講義は一般に，講義室でなされる。これに対し，ゼミはゼミ室（演習室）で，多くはコの字，ロの字に机を配置しておこなわれる。

なお，文系と理系，さらに大学・学部によっても，ゼミという名称の使い方には多様性があるようだ。

本書は，大学1年生の基礎ゼミナール（教養セミナー）の受講生を，主な読者として想定している。1年次にこのようなゼミを組む大学が増えているが，これまでゼミと言えば，もっぱら上級の学年になってから入るものだった。卒業論文も，この延長上に位置づけられているのが普通である。ただ，卒論を必修としない大学・学部も見られるし，たとえば論文に代わって，口頭発表や作品製作などを選択できる例もある。

1 大学で学ぶということ

大学で求められるのは，教員から与えられた問題を解くことだけではない。考える問題自体を自分自身で探し出すことが大切になる。「他問自答」から「自問自答」へと重点が移行する（梶田, 2003）のだ。

なお，ゼミは少人数での指導になる。人気のある教授のところには，学生の希望が集中する。このため実際には，成績や面接結果次第では，必ずしも思った通りのゼミに入れないこともある。

1.1.4　ＰＢＬ

最近，特に理系の学部学科では，一部でPBL（問題に基づく学習）という型式の授業もある。チュートリアルと呼ぶこともある。PBLは，小グループで指定の課題に取り組む活動を中心とする形態の授業である。多くの場合は各グループに，上級生や大学院生たちによるチューターがついて助言にあたる。またプロジェクトといって，自分たちで問題を設定することもある。

伝統的な講義の限界に気づいた大学で始められ，主に理系の学部で採用されている。学生主体，参加を重視する指導方法となっている。

講義では，「教員の話を聞く」「教科書を読む」「ノートを取る」などの活動が中心である。たまにボウッとしていると，先生に指名されて質問をぶつけられることもある。とは言っても，何しろ受講生が多いので，当たる可能性は低い。さて，こういう学習も大切なのだが，確かに受け身になりやすい。一方，ゼミやPBLでは，与えられたテーマや自らが疑問に思ったことを，すすんで調べることが大切になる。自ら問い，考え，調べて，わかったことを書いたり，発表するのだ。

そこでは，他の学生と協力したり情報交換する活動も，含まれてくる。社会に出れば，他の人たちと作業したり学んだりすることも，非常に重要になる。その準備として，リーダーシップを取る，協調するなどの社会的技能を鍛え，責任感も育てておこうということだ。

グループで力を合わせると，互いに足りない知識を補うことがで

きる。大学には全国から，さまざまな人たちが集まってくる。自分にはない優れた知識や技能を持った友人の姿に，刺激を受けることも少なくないだろう。また何週にもわたって苦労して調べたり，話し合いを重ねる。この結果，無事に発表を成功させれば，達成感や充実感，団結心も味わうことができる。これを機会に，同じグループの人たちとは，一生続く友情がはぐくまれるかもしれない。

コラム③　メロスになれ

　グループでPBLなどの活動に参加する際には，無断欠席は厳禁である。大学の講義は一般に，15週の講義と期末テストからなっている。この15回のうちに，しだいに授業に出なくなる学生もいる。講義の場合には，ある学生が欠席したからといって他の受講生にさほど影響しない。しかし，ゼミやPBLでは，そうはいかない。協同学習を進めている時には，一人が欠席したために，グループ全体の学習が停滞するおそれがある。

　特に無断でグループの活動を欠席すると，他の人たち（教員を含む）の信頼を失う。数年前にある授業で，5～6名のグループを作ってプロジェクトをおこなった。そのうちのグループの一つに，非常に責任感が強く，信頼されているA君という学生がいた。ある日のこと，このまじめなA君は授業の開始時点でまだ来ていなかった。すると，同じグループのB君が「A君は，責任感が強い。今日は必ず来る！」と断言するのだ。実際，直後にA君は登場した。それ以来，A君には「メロス」というニックネームがついた。むろん，有名な太宰治の作品「走れメロス」に登場するメロスである。ここまで信頼されたら，たいしたものだ。

　どうしても都合のつかない日だって，あるだろう。しかし，グループで活動している際には，最低でも授業に欠席することをリーダーに連絡するべきである。また，次の週には，自分の担当部分をしっかりと報告するなど，遅れをカバーすることだ。

　一方，出席していても活動に参加しない学生も迷惑である。確かにグループとしての成果は出て，単位ももらえるのだろうが，他の人の苦労に依存しただけである。これを「ただ乗り」という。

1.2 クリティカルシンキング
：情報を常に疑おう

　本書では，いろんなことを常に疑ってみるよう勧めている。クリティカルシンキング（critical thinking：批判的思考）である。批判的といっても，相手の言うことの揚げ足を取ったり，ましてや人格攻撃などするわけではない。

　ネットの掲示板などでは，匿名性を背景に相手の発言をからかったり，人格を貶（おとし）めるような発言がよく見られる。しかし，このような誹謗中傷の態度は，クリティカルシンキングとは全く別物である。「この人の言うことは，本当だろうか。論拠は何だろうか」と冷静に，情報の真偽を確認しようとする姿勢を言う。「ホンマかいな？」とつっこむということだ。

　教員の言うことも，本に書いてあることも，テレビのニュースも，情報の真偽は常に疑うべきである。教科書にはたいていその時点でわかっている正しい（と思われる）ことが書かれている。それでも，完璧とは言えない。学問の進歩にともなって，教科書はくり返し改訂されている。つまり，実は教科書が間違っていた，などということは珍しくない。

　「○○食品は身体にいいと書いてあるが，本当だろうか」，「××商品を使うとやせるとCMで言っていたが，怪しい」と疑問をもとう。そうすれば，健康被害を予防できる。また，無駄なことにお金を費やさずに済む。

　マスコミも，懐疑の対象である。急速に普及したネットとの競争にさらされて，新聞は発行部数が落ち込んでしまっている。ネットでほぼ無料で手にはいる情報に，お金をかけなくなるのは当然である。大学生も，下宿で新聞を購読しない，テレビを買わないで済ませる人が増えている。PCさえあれば，困らないのだ。

　こうなると，テレビやラジオも同様に経営は厳しい。このためマスコミは，利潤追求のために必死である。今のままでは，先が見え

ない状況に陥っている。

　そして，もはや視聴率やスポンサーのご機嫌のほうが，事実の報道よりも重視されるところまできている。こうなるとますます，今日のマスコミが発信する情報は，疑ってかかる必要がある。偏っている可能性が高い。くり返される虚偽・捏造報道。マスコミ本来の社会的使命が果たされているか，監視していく必要がある。

　三橋（2009）は，「マスゴミ」というネット用語を紹介している。これは，インターネットという新しい媒体から見た，マスコミに対する冷笑的な態度をよく表すことばである。

　常識を疑うところから，科学は発展してきた。簡単にあたりまえだ，と信じてはいけないのである。学問は，実はこのような「本当かな」という素朴な疑問から始まる。だから，卒論のテーマなど決める場合にも，「本にはこう書いてあったが，どうも納得できない」，「先生は〜と言われるが，本当なのか，自分で確かめたい」という所から，知的な探求は始まる。

1.3　ごまかし勉強から「正統派の学び」へ

　教育心理学者の藤澤（2002）は，近年の子ども達の勉強の仕方を指して「ごまかし勉強」と呼んだ。本当の実力にはつながらない，その場しのぎの勉強のことだ。テスト勉強などは，前日に懸命に暗記したりして，この「ごまかし勉強」に陥りがちである。

　このことは，大学生にも言える。ネットなどからのコピーアンドペイスト（コピペ）で済ませるレポートも，ごまかしである。このようなやり方では，本物の力は養われない。金メッキの「偽装学力」にすぎない。

　要領よく勉強することは，むろん大切である。試験での過去問分析などの対策も大いにすればよい。ただ，要領よくいい点を取ることが最終目標になってしまうと，あなたは「ごまかし勉強」の罠に陥ってしまうだろう。

1　大学で学ぶということ

ごまかしは，所詮はごまかしである。外国産なのに，国内産と表示されていた野菜。中国産，北朝鮮産のアサリを，日本近海で少し「泳がせて」日本産と表示した例。賞味期限を改ざんした食品。あるいは，耐震強度が誇大に表示されていたマンションのようなものである。結局，何のために大学に入ったんだ？と自分自身に問いかけて欲しい。

　しかも，クリティカルシンキングの構えが身につけば，正統派の学習に一歩近づいたことにもなる。最高学府の卒業生として，恥ずかしくない実力をつけるために，「正統派の学習」に移行していきたいものだ。

考えてみよう！ 　　　　　　　　　　　　　　　　【400字】

ごまかし勉強とは何か。あなたのしている勉強のうち，何割くらいがごまかし勉強にあたるだろうか。

2　講義の受け方

> **考えてみよう！**　【400字】
> 講義ノートは，どのようなことに留意して取れば良いか。具体的に3点あげよ。

 ## 2.0　授業科目の履修登録

　3月末から4月のオリエンテーションで新入生は，授業科目を「履修登録」する方法を説明される。大学の時間割表では，同じ曜日・同じ時限に，数多い科目が準備されている。そして，その中から自分で選んでいく。オリジナルの時間割を自分で考えて作って，大学に申告する。「本年度私は，月曜日1限は地理学，2限には憲法……を選んで受講します」と意思表示をするわけだ。大学では，その申告に従って，月曜1限，「地理学」，2限「憲法」……の受講者名簿に，あなたの名前を加える。

　学部や学科，専攻によって，卒業するために必要な条件は異なる。一般にはまず「必修」と「選択」の区別がある。また，この他にたいてい資格関連の科目がある，と覚えておこう。

　この科目は必修（卒業までに必ず取るべき）だ，この科目は2年生で取ればいい，A2の科目はA1の科目の後に取るべきだ，などといろいろなきまりがある。資格関連の科目というのは，たとえば教員免許状を取得するための科目（教育原理，教材研究，教科教育法，教育実習など）である。これらの科目は，その資格のために特別に設けられている。このため，取っても卒業するための単位には数えてもらえない場合が多い。資格は何でも取ればよいというものではない。よ

く考えて，自分が本当に必要なものに絞って，取得をめざしていくことである。

　やたらに必修科目が多い学部・学科の履修登録は簡単である。必修科目を埋めていくと，ほぼ自動的に時間割はできてしまうからである。友人と見比べても，ほとんど同じ時間割表になる。逆に，選択科目の多い大学や学部・学科の場合は，自分でよく考えて一つひとつ，時間割を埋めていく。

　基本的な手順は，①将来どのような進路に向かうのか，そのためにはどんな資格を取るべきかなど，方針を決める，②その学年で取るべき必修科目を埋める，③あいているコマに選択科目を入れる，となる。

　すべてのコマを埋める必要はない。「朝は苦手だから，午後の授業を中心に時間割を組もう」と考えてもよい。逆に「朝からしっかり授業を受けて，早めに帰ろう」というのもよい。ただ，実際にはそううまくはいかない。「1〜2年生でできるだけたくさん単位を取ってしまって，3，4年生では余裕をもって学生生活を楽しみたい」という学生が多いようだ。

　なお，各学期，年間に登録できる単位数には，制限がある。むやみに多く履修しても，予習・復習の時間も含めて考えると，すべての授業で合格点を取ることは難しいからである。つまり，共倒れになってしまうわけだ。

　最初は，あまりの複雑さに圧倒される思いがするかもしれない。「3年生くらいになって，ようやく履修登録の要領がわかってきた」という声も聞くほどだ。いずれにせよ，この手続きをして初めて，受講者名簿に名前が掲載され，成績もつけられることになる。逆にいうと，登録しないでいれば，たとえまじめに授業に出ていても，単位にならない。

　面倒でも，しっかりと情報を整理して，間違いのないように履修科目の申告を済ませて欲しい。すべては自己責任である。

　どの科目は試験がやさしい，どの先生の単位が取りやすい，など

という情報も裏社会（？）で流れている。ただ，怪しげな情報も多い（「～先生の授業は，テストで名前だけ書けば通る」とか。そんなばかな）。また，単位が取りやすい科目＝おもしろい科目，わかりやすい科目とは限らない。この点は，ぜひとも注意しておいて欲しい。

PCを用いて，ネット上で科目の履修登録手続きをする仕組みをとる大学も多くなってきた。コンピュータの扱いに慣れていない人は，ここでも苦戦するかもしれない。

2.0.1 講義概要とシラバス

高校までの学校の教育課程では，文部科学省の示す学習指導要領と呼ばれる基準が設けられている。ここには全国どこの学校でも指導されるべき内容や方法が，ある程度決められている。つまり，学校や教員が違っても，教育内容はかなり共通している。

一方，大学の教育課程には，このような全国基準がない。各学問領域の専門的な立場から，教育内容を自由に決めることができるしくみになっている。学問の自由が尊重されているのである。このため，たとえ全く同じ科目名でも，大学や学部，あるいは教員によって，非常に内容が異なることも少なくない。

たとえば，同じ心理学という名称の科目が月曜日と木曜日に開講されていて，心理学1，心理学2となっているとする。それぞれ，A先生とB先生の担当である。A先生は認知心理学，B先生は臨床心理学が専門であるとき，同じ心理学でも，二人の授業内容はかなり変わってくる。心理学1では，臨床心理学の比重は小さいかもしれない。

どの講義を選ぶとよいかを考えるための素材として，講義概要とかシラバスと呼ばれるものが用意されている。講義の科目名・講師の名前からその内容の概要，教科書，成績評価の方法などを示した一覧である。

本来は，講義の第1回で講師が配るものがシラバスである。一方，全開講科目をまとめて冊子にしたものを講義概要（要項）と呼ぶこ

とが多い。大きな大学の場合，科目数は膨大になるので，電話帳なみの厚さになってしまう。そこで近年では，電子化・ペーパーレス化されつつある。

 ## 2.1 持ち物

　さあ，いよいよ新学期の授業が始まった。自分が履修登録した科目が開講されている教室を確認して，でかけることになる。

　大学の授業に出席するときに持参するものは，高校までの場合とさほど変わらない。筆記用具やテキストや辞書などだ。ただ，大学では，テキストを用いる教員と，テキストを用いないで配布資料などを多用する教員とがいる。後者なら，「ウェブページにすべての資料はアップされているので，適宜ダウンロードして使いなさい」と指示される。この場合は，事前に必要な部分をプリンタで印刷して持参すれば，授業はわかりやすくなる。

　指定の教科書がある場合は，当然ながら事前に購入するなどして，持参する。授業によっては，電子辞書や PC が不可欠となる。技術革新の成果で，PC も高性能で軽量のものが現れている。それでもまだ，持ち歩くには重いし，自転車などで移動する時には振動が故障の原因になりそうで心配である。運がよければ，学内の個人用ロッカーを利用できる。PC はもちろん，スポーツウェアなども入れておくことができ，便利である。

2.1.1　教科書を買いに走る

　新学期になって履修科目が決まったら，教科書は早めに買うほうがよい。売り切れていて，入手に困ることが少なくないからだ。必修科目はまだ数が予測しやすいのに対して，選択科目は受講者数がわからない。このため，準備する側では，発注数の決定が難しい。

　たとえば，ある科目の受講生が，百人くらいかと予測して 100 冊発注したとする。ところが，意外に受講生が集まらずに 50 冊しか

売れなかったとなると，本屋さんは困る。そして翌年は，「去年は100冊と言われたけど，50冊しか売れなかったな。50冊仕入れておけば十分だろう」となる（と思われる）。

すると，翌年100冊の需要があった時に，半数の学生が買えないことになってしまう。「初めから，十分な数の本を入れておいてくれればいいのに……」という不満もあるだろう。しかし，生活をかけて本を売っている書店の立場になって見れば，やむを得ない判断でもある。

大学の本屋で売り切れていると，あわてて発注をかけることになる。しかし，追加分の現物が届くのは，早くても1週間後で，最初の数週間は教科書なしで受講する人が続出する。私の授業でもかつて，不手際のために教科書なしで3週間ほど授業したことがあった。

こんな時はまず第一に，前の年までに同じ科目を受講した先輩を探して，譲ってもらう手がある。しかし，1年生の4月には，この方法も使えないだろう。また，本は改訂されていくものなので，古い教科書ではデータが変わってしまっていることもある。

第二に，大学近くに古本屋があれば，そこを探す手もある。第三に，都会の大きな本屋には，在庫がある可能性がある。大学の教科書は概して印刷部数が少ないから，小さな本屋に行っても無駄である。最後に，図書館で探すことも考えられる。しかし，この方法は実用的ではない。借り物だと書き込みができないし，たいてい貸し出し期間も短かすぎる。

なお，教員が自分の執筆した本を教科書に使っている場合も多い。教員がこの印税で儲けていると疑う学生がいるらしいので，付言する。実態は，そう甘くはない。専門書は，何十万部と売れるわけではない。このため，せっかく出版しても，赤字になるリスクがかなりある。そこで，テキストとして使う条件で，無理を言って出版を引き受けてもらっている場合も多い。「なんとか赤字にならないように」という程度なのである。

2.1.2 学生証

中学校や高校では，身分証として生徒手帳があった。大学では，学生証である。図書館の入館証とか，複数の機能を兼ねている場合も多い。大学によっては，電子化されて，IC学生証となっている。証明書を発行する際の身分証明とか，さまざまな機能が付加されている。電子マネー機能をつけると，食堂やコンビニで使える。鉄道も利用できる。このようにどんどん進化する便利なカードなので，次第にIC学生証が標準になっていくだろう。

2.2 出欠席　存在をアピールする：顔を覚えてもらおう

授業の初めなどに，口頭で出欠を確認することは，伝統的におこなわれてきた。時間の無駄に思えるかもしれない。しかし，教員が一人ひとりの名前を呼び学生が応えるというのも，一種のコミュニケーションである。それなりに，意義のある習慣だったと言えるだろう。ただ，現代の私立大学のように何百人も受講生がいる場合には，さすがにこれは時間の無駄だ。それにこの方法で正確に出席者を確認することは，きわめて難しい。

2.2.1 代返の名人

出欠確認の際に，本人にかわって別人が返事をする行為を「代返」という。私が学部生だった頃，一人で何人分も声色を使い分けて代返をする達人がいた。

「A君」「はい！」

「B君」「ほーい」

「C君」「はあい！」

とか，器用に変えるわけだ。たまに本人も出席しているのに気づかずに代返をすると，教室の2か所で同時に「はい」という声が上がる。当然，周りがくすくすと笑うので，教員のほうも，気づいて

いたかもしれない。

現代の大学生はまじめで，9割を超える学生が，70％以上の出席率である（先の「全国大学生調査」による）。「興味がわかない授業でもまじめに出席する」との問いには，約8割が肯定的に回答（4段階尺度で，「あてはまる」，あるいは「ある程度あてはまる」と回答）している。

2.2.2 講義の欠席とゼミの欠席

大教室での講義では，欠席を事前に連絡する必要はないことが多い。授業中に出欠を確認しない教員さえある。実際，多人数の場合は出欠を正確に把握するのは，かなり時間も労力も取られる。そのうえ出欠を取ると，授業に関心も無いのに出てきて教室内で私語をする学生もいて迷惑だ。授業には，本当に出席したい人だけ来ればよろしい，と割り切る教員もいるのである。このような授業では，学期が進むにつれて受講生の数がだんだん減っていくことになる。

一方，比較的小人数でおこなわれる授業の場合，欠席する際には連絡が必要となる。特にゼミの場合は，必ず連絡するようにしよう。多人数の授業とは違い，ゼミでは協同で分担して作業したり，発表の順番が当たったりする。このため無断で欠席したりすると，他の人たちに迷惑がかかるおそれもある。連続して無断欠席などすれば，何か事故でもあったのではないか，病気だろうか，などと心配をかけることにもなりかねない。

病気や事故，忌引き，スポーツ公式試合への参加など，さまざまな理由で欠席せざるを得ない日もあるだろう。病院の診断書などを提出すれば，公式な欠席として認められる場合もある。インフルエンザ等への感染により，出席を差し控えるように言われる例もある。

2.2.3 IC学生証

教室の出入り口に設置された専用端末にIC学生証をかざす方法で，授業の出欠も取る大学がある。どうも職場で労働者を管理するタイムカードのように見えて，私には抵抗がある。こうなると，出

席偽装の仕方も変化するのだろうか。「このカードも頼む」と，友人にカードを貸したり，手口はいろいろ出てきそうである。このIC学生証による授業の出欠は，大学授業に対して，大きな影響があるのではないだろうか。

一方，学生にはメリットがあるのかもしれない。期末になってくるとよく，「私はこの授業，何回いままで休んでますか」という質問を受ける。どの授業で出席回数が基準に達しない状況になっているか，自分でもわからなくなって不安になるらしい。しかし，このIC学生証を用いたシステムを用いると，どの授業で何回休んだか，自分で閲覧できる。

2.2.4　教室（講義室）

大学生活でも，高校時代とおなじく教室で過ごす時間が長い。そこが快適な空間かどうかは，大切な問題であろう。私立大学，それも膨大な数の学生をかかえる大規模な大学では，大教室での授業が多くなる。一方，国立大学では比較的，教室の規模が小さい。

教室事情も，大学によってかなり異なる。ここでは，筆者の勤務する南山大学の場合を例に説明する。生活環境という点で見ると，ひと昔前と比べてかなり改善が進んでいる。

1）階段教室の限界

何百人も収容できる大教室は，たいてい階段状になっている。

また，一般には大きく2列か3列に分かれていて，それぞれ5, 6脚の机が横に連結している。このため混み合ってくると，通路に面していない座席に出入りする際に不便である。また，この手の教室では，机がやや手前に傾斜しているので，鉛筆を置いておくと，転がっていってしまうことがある。このような大教室は，伝統的な講義をする前提で設計されている。グループ活動には不向きである。前後2列の人が数人で話しあうとき，前列の人が振り向いてやるが，座りにくく，目の高さも違う。

2) 空調の温度設定をめぐる攻防

さすがに，教室にエアコンが整備されるのは当然になってきた。しかし，エアコンは使っていても，大きい教室では，必ずといっていいほど温度調節の要請が出る。それも，「寒い」という苦情と，「暑い」という苦情とが，同時に出る。勝手に（一応，隣の人1名と協議して）設定を変えてしまう学生もある。階段教室の場合は，後ろの高い席と前の席とで，かなりの温度差が出てしまうという事情もある。

それにしても，私たちには個人差があるのだし，レストランやデパートではなく，教育の場なのだ。我慢も，多少は必要ではなかろうか。あまりに人工的にコントロールされた快適な空間を提供してしまうことにも，疑問を感じる。

グローバルな時代，将来，北欧で暮らす人も，アフリカで働く人もいるかもしれないではないか。もちろん，環境問題への配慮も必要である。多少は着る服で調整するとか，温度の好みによって，座る場所を考えるとよいかもしれない。

3) 黒板と白板

大学の黒板*は，小・中学校と比べて多様である。大きい教室では，電動で上下動するしくみのものも多い。なお新しい教室には，黒板ではなく，ホワイトボード（白板）が設置される傾向がある。黒板だと，どうしてもチョークの粉が飛び，不衛生だという判断なのだろうか。

しかし白板は，概して見にくいと評判が悪い。何しろ表面がてか

---

*黒板の文字の大きさについて　全国黒板工業連盟のウェブページ〈http://www.kokuban.or.jp/topic/index.html（2010.7.11.アクセス）〉によると──白いチョークを使い，黒板の正面7mの位置にいて，十画の漢字を見た場合，250ルクスの明るさだと，5cm以上，100ルクスの明るさでは7cm以上の文字の大きさが識別可能な範囲という平均データです。ひらがな・数字・英字はこれよりも 20%小さくしても見えますから，常に7cm以上の大きさで書くように心掛ければ，すべての生徒が「よく見える」ようになります。

てかなので，照明や外の光が強く反射してしまう。また，慣れもあるのだろうが，黒板にチョークの方が，ホワイトボードとマーカーの組み合わせよりも，字がきれいに書ける。

4）視聴覚機器の利用

　大教室では，後ろから黒板の字が見えにくい。昔のマンモス大学では，双眼鏡を持参する学生もあったようだ。最近では，大教室には液晶プロジェクタや教材提示装置と呼ばれる機器が配備されている。しかも日々改良が進んで，その機能も向上している。このため，こうした機器を用いると，かなり後ろの方からでも鮮明に見え

コラム④　発表準備は入念に

　個人やグループで調べたことを，教室の前に出て発表する機会がある。プレゼンテーションをするというわけである。

　この際に，聞く側がわかりやすいようにと，あれこれ工夫する必要がある。大きな声で話す，理解しやすいように視覚的に提示するなど，留意点は無数にある。わかりやすいプレゼンテーションの進め方を書こうとすると，それだけで本1冊分の内容になるだろう。ここでは，意外な落とし穴だけ指摘しておこう。

　「パワーポイント」などプレゼンテーション用のソフトは，今や広く使われる。1年生に発表してもらうと，よくパソコン等の機器操作で立ち往生してしまう。発表の本番になって，パソコンをプロジェクタとつなぐが，パソコン上の画像が肝心のスクリーン上に写らない……。どうするんだと騒いでいる間に，持ち時間が過ぎていってしまう。発表時間は15分間などという場合も多いのだ。

　この場合，多くはパソコンのキイボードから，ある操作をすれば解決する（「FnキイとF5キイとを同時に押す」などという操作である。パソコンの機種によっても，この方法が異なる）。実に単純な操作なのだ。情報機器を活用する基本は，必ず事前に接続してみることである。それも，当日用いる同じ機器でうまくいくかを確かめるのだ。

　5人，6人と班員がいると「誰かが知っているだろう」「誰かがやってくれるだろう」と思ってしまう。そのままでするずると進んでいってしまい，結局誰もできない（責任の分散）という事態が生じやすい。機器の担当者を決めておくなど，分担をはっきりするのが良いだろう。

> **コラム⑤　白と黒**
>
> 　黒地に白か，それとも白地に黒か。視認性や目の疲労という観点で，あらためて考えてみたい。紙に鉛筆やペンで字を書くときは，後者。ホワイトボードも後者。そして，PCでの入力作業も，デフォルトでは後者である。むしろ前者の黒板型が，珍しい形なのである。ただ，それは黒地に白が見にくいから，というわけではない。
>
> 　私は今まで，パワーポイントでは白地に黒い文字を使っていた。しかし，視認性を考えると，黒板のように黒地に白が原則とも考えられる。一方，ワープロ作業では，紙の原稿とPCの画面を交互に見て行う場合が少なくない。画面を黒地にしてしまうのも，明るさの差が激しくなり，かえって目が疲れる可能性がある。同様に，ノートは白地に黒なので，黒板よりも白板が有利だろうか？実際に比較したデータが必要かもしれない。

る。ただ，高価な機器なので一斉にすべての教室に完備とはいかない。少しずつ改善されているが，時間がかかる。

　一方，こうしたプレゼンテーション用ツール（パワーポイント）でも，意外な問題があった。「明るい画面を見続けると目が疲れる」という苦情を受けたのである。伝統的な黒板の方が，やはり原理的に見やすいらしい（コラム⑤参照）。

　かつて小中学校には，視聴覚教室という特別教室があった。しかし最近では，教室に視聴覚機器を設置するのはあたりまえになっている。つまり，特別な存在ではなくなっている。このため今後はしだいに，「視聴覚教室」の名前は消えていくのだろう。

5）掲示物のない教室

　大学の教室は概して，非常に殺風景である。小，中学校の教室に行くと，「クラスの目標」が大書されていたり，壁には児童生徒の作品などが飾ってある。日程表，時間割表や，当番表などもある。ところが，大学では授業ごとに教室が変わるので，やたらにそうした掲示ができない。講義においては，「学級」という単位が必ずしも存

在しない。どの教室も共用スペースなのだ。大学ではむしろ，各研究室にそれぞれの教員の個性が出る。実に整然とした研究室もある一方，ゴミ屋敷のような研究室もある。

6）防音構造

たまに小・中学校に出入りすると，教室で響く雑音に驚く。もちろん，子どもたちが元気なので，うるさく感じるのだが，理由はそれだけではない。教室の防音が考慮されておらず，隣の教室の音が筒抜けなのである。また，夏は窓を全開する。クーラーが設置されていても，電気代節約やエコの観点から簡単にはスイッチを入れられないからである。床の材質の問題もある。机やイスの脚にテニスボールを切ってはめたり，対策を工夫している学校もある。

一方，大学の教室は，概して設計の段階で防音性を考慮してある。床もじゅうたん張りだと，イスや机の脚がすれて出るキイキイという雑音が無い。私語がなければ，静粛（せいしゅく）な落ち着いた環境で授業が進められる。

7）プロの掃除

日本では，学校の掃除は児童生徒がするものである。一方，外国では必ずしもそうではないらしい。大学ではふつう，掃除を業者がおこなっている。昔の大学は，全体に学内が汚いイメージだった。しかし，今では汚い大学は敬遠される。授業後，お掃除のチームがはいって，プロの技で，あっという間にぴかぴかにしていって下さる。彼らが去った後は，実にきれいなもので，ありがたい。

2.2.5 座席について

一般に大学講義では座席指定がなされない。最近，私語の対策として座席を指定するなどの例外もあるが，多くの場合はいわば自由席である。つまり，早い者勝ちということである。あまり前列の方（特に中央）では，どうも落ち着かない。できれば気楽に受講したい

などの思惑が働くから，後ろの方から次第に席が埋まっていく。

それぞれの人の癖や好み，友人関係などから，学期中に座席は自然と固定されていく。いつも最前列に陣取って，熱心にノートを取るタイプの学生もいる。しかし，そういう学生が常にいい成績を取るとは限らないようだ。

とにかく，座席取りの競争は激しい。授業終了前に，次の授業科目の受講生が入ってきてしまう。まだ授業中だと気づいて，慌てて出て行ったりする。友人たちとの関係も考える必要がある。授業に集中したくても，隣に座った友人から話しかけられると無視できないなど，自由であるがためにジレンマが生じる。このジレンマを，島田（2001, p.158-165.）は「座席問題をめぐる自由のジレンマ」と呼んでいる。

2.2.6 遅刻：「正しい遅刻」のあり方

遅刻はしない方がよいのは，大学でも一般社会でも常識である。教師の立場から言えば，迷惑なことは確かである。まとまった話をするには，集中力が要る。突然に邪魔が入ると思考のリズムが乱れ，何を話していたか忘れたりする。また他の学生も，集中力を乱される。

このように遅刻は迷惑なので，しないのがベストだ。しかし，交通渋滞など，やむを得ない事情で遅刻してしまうこともあるだろう。その際，どのような入室の仕方をするかに，その人の個性が如実に出る。

他の学生への迷惑を最小限にとどめる配慮や，教員への失礼をわびる気持ちを示して欲しい。つまり，入室時，着席時にそれぞれ軽く会釈するくらいは，するべきであろう。教員の目の前を，講義の最中に横切っていくなど，論外である。

遅刻へのペナルティとしては，遅刻3回で1回分の欠席と数えるというような決まりを設けている大学がある。計算上は，30分の遅刻を3回で90分であるが，10分でも遅刻は遅刻である……。私の授業では，遅刻者に対して「後で黒板を消しておいてね」などと言うことがある。また，遅刻者専用座席を指定しておく制度，とかく

じ引きなど、いろいろ試している。くじは「吉」とか「凶」とかある。吉が出ると見逃してくれるのだが、一方、凶が出ると、「居残り説教」が待っている。小吉だと黒板消し係である。

教員によっては、非常に厳格に対処しているようだ。「遅刻は絶対に許さない」という同僚もいる。「授業が始まったら、教室の内側から鍵をかけてしまう」という話も、かつて聞いたことがあるが、これはさすがにやり過ぎのように思う。

先に紹介したIC学生証が普及すると、「平均遅刻時間」などの統計が簡単に出せるようになる。たとえば遅刻常習A君の「平均遅刻時間」は4分。連動して、欠席1日分とカウントし、成績を減点、などという扱いも技術的には可能になる。

2.2.7 早　　退

これも結構ある。中には、開始後5分も立たないうちに出て行く人がいる。大抵すぐに戻ってくるところを見ると、トイレなのだろうか。大教室だと、そう簡単に脱出を阻止できないし、困った問題である。授業中に出て行った学生の後を追って捕まえる、という武勇伝を聞いたこともあるが、逃げ足の早い学生に勝てるかどうか……。もっとも、逆に開始直後に、「先生、トイレ」と叫ぶ学生も、もっと困るわけだが。

現在試しているのは、早退する際には筆者の利用しているブリーフ・レポート（以下BRD、内容については→58頁へ）に退出理由を書いて教卓上に置き、静かに退出する。戻ってきたら、自分のBRDを教卓から持って行く、という手順である。

とにかく、授業中は、他の人たちの集中を妨げる行為は控える、これが原則である。

2.3　ノートの取り方

かつて私の授業で、テープレコーダを教室に持ち込んだ学生がい

た。教室の最前列に陣取って，90分の授業をまるごと録音するのだ。聞いてみると，多くの授業でそのようにしているという。成績が悪いという自覚があるからこそ，こういう手を用いたのだろう。

確かに，録音してしまえば聞き落としてしまった場合にでも，後で確かめられる。一見，合理的な方法である。しかし，この「丸ごと録音」方式はよいアイデアとは言えない。実際，この学生がよい成績を取ることはなかった。録音することで安心し，かえって勉強できなかったらしい。

なお，講義をビデオカメラで録画しておいて，後で見ることさえ可能になった。そのような行為を禁止すべきだ，という考え方もあるだろう。映画館にビデオカメラを持ち込んで，上映中の映画をまるごと録画し，「海賊版」を作る手口がある。講義の丸ごと録音・録画も，それに近い。著作権上の問題である。大学講義の著作権をめぐる裁判というのは聞いたことがないが，どうなのだろうか。

聞いた内容を直接，PCに入力していく人もある。タッチタイピングができ上がっている人だと，このほうが早いだろう。一方で手で書くほうが記憶に残りやすい，というメリットもあるかもしれない。

欧米人は，数少ないアルファベットを覚えるだけで，文章を書ける。一方日本人は，膨大な漢字を含め，数多くの種類の文字を覚える必要がある。しかし，一見短所と見えるこの日本語の特徴は，実は記憶の点では有利なのである。

大学講義は，自らの情報処理能力を鍛える場である。よい機会ととらえて，ノート取りはアクティブにおこなうべきである。ポイントを以下にあげておく。

2.3.1 後で使うために書く

ノートは，後で復習に使うために書くものである。大学講義の板書はたいてい，最低限しか書かれない。しかも，あまり親切に整理して書いてもくれない。だから，その黒板の縮小コピーのようなノートは，ほとんど役には立たない。受講することは，「聴き取って，

書くという二つのことを限られた時間内に同時におこなう。そして，情報を高速に処理する能力を磨くチャレンジ」なのである。字が汚くてもいいから，どんどん書いてみよう。

　大学の講義がわかりにくいという時，その原因はたいてい二つある。一つは，教員の説明がへたであるということ，もう一つは受講生の知識が不足しているということである。

　教員のせいにしてしまえば簡単である。しかし，まずは自分でできることを考えた方がいい。教員の話が（外国語の授業でもないのに）「外国語としか聞こえない」という状態であれば，決定的に知識が不足している可能性が高い。予習にはげむしかない。

　学生のノートをたまに提出させて見ると，板書の縮小コピー型のをよく見かける。みごとなまでに，私が板書した言葉だけが書かれている。これは，典型的な「ごまかし勉強」の症状である。つまり，勉強している気になっているだけなのである。手段であるノート取りそのものが，目的となってしまっているのだ。

2.3.2　略記の工夫

　ノートはきれい過ぎる必要はない。自分なりの略字や記号を用いて，速記する。たとえば心理学の講義で，教員が「心理学の歴史」と板書したとする。「心理学の歴史」という言葉をまともに漢字で書いていたら，時間がかかり過ぎる。「Sのレキシ」とでもメモすれば，かなり速くなる。ここでは，多用されている「心理学」という言葉を「S」と略して書き，「歴史」をレキシとカタカナで表記したわけだ。ワープロの入力では，単語登録という機能がある。よく使う単語を，あらかじめ自分なりのルールで登録して，入力しやすくしておく方法である。これと同じ要領で，「教育心理学」をキシ，「問題解決」はモカなどとしておくと，断然速い。私のPCでは，「じゅうしょ」と打って変換すると，自宅の住所が出るようにしてある。住所はよく使う情報なので，非常に便利である。

2.3.3　見直しは可能な限りすぐに

　ノートの不完全な部分は，できるだけ早いうちに完成させておく。速記の要領で省略して書くと，あとで自分でも何を書いたのか，わからなくなることがある。そうなる前に，情報を補充しておくことが必要である。

　ついでながら，手帳のメモなどでも，完結した文章のかたちで書くと間違いがない。「Aを参照した」という意味で「A参照」などとメモしたとする。これを後で見ると，参照「した」のか，これから参照「する」なのか，自分でもわからなくなってしまう。自分用のメモ，と思うから間違いが生じる。明日の私は別人だと思い，他人に伝言するつもりで書いている。レポート執筆でも，文献を調べたら，その場で完全な形で（省略せずに）メモをしていく習慣をつけるとよい。あとでまた書こう，と思っているとわからなくなってしまい，何倍もの時間をかけて調べ直すはめになる。

2.4　大学の教員を「つかまえる」方法

　もし授業中にわからないことがあっても，質問はなかなかできないものである。他のみんなはわかっているのに，自分だけが無知で理解できないのだと思ってしまう。しかし，実際には，教員の説明が不十分だったという場合も多い。遠慮なく質問しよう。

　質問できるのは，ちゃんと考えている証拠である。実際，私も講義の「穴」を指摘されたことが多々ある。自分では，筋が通ったわかりやすい話をしているつもりなのである。しかし，質問されてみて初めて，自分の説明や論理に飛躍があることに気づいたりするのだ。言い換えると，私たち教員も，質問から学ぶのである。それに，鋭い質問を受けると，真剣に学ぼうとしている姿勢が伝わってきて，教員の側もやりがいがある。答えられない難しい質問もでることがある。これは，可能な限り調べて，後日回答している。

　一般に大学には，教員が集う「職員室」がない。その代わりに，個

別あるいは共同の研究室があって，教員に用事がある場合，そこに出かけていく。

2.4.1　教　　授

　大学教員にも，教授・准教授・講師・助教という職階上の区別がある（かつては教授・助教授・講師・助手だった）。このほか，特任教授とか客員教授など，他の肩書きがつく教員がいる大学もある。テレビドラマの影響か，教授はいばっているイメージがもたれている。しかし，実態として今日の大学では，教授はもはや特別扱いされるような存在ではない。私の務める学部でも，教授会の構成員は，准教授や講師も含めた教員となっている。

　教授は准教授よりも忘年会の会費が 1000 円余分に取られるという程度の差である。他大学での話だが，「仕事が増えるばかりで何もメリットがないから」と，昇任の話を断った准教授がいるほどだ。

2.4.2　常勤・非常勤

　教授かどうかという区別は，ふだん授業を受ける際にあまり意識する必要はない。むしろ，常勤（専任）・非常勤の区別を知っておくべきである。前者は，主としてその大学（本務校）で研究・教育をおこなっている教員である。一般企業では正社員にあたる。後者は，他大学に籍をおいている教員などで，その授業だけのために，特定の曜日に通ってくる。たとえ本務校で教授であれ准教授であれ，「非常勤講師」と呼ばれる。非常勤の給料だけで生活している人もいるが，その待遇はとても悪い。

　常勤の教員にはその大学内に研究室があるので，質問をしたりする際に便利である。しかし，非常勤の教員はその大学に研究室もなく，授業が終わるとすぐ帰ってしまう（非常勤講師が共用する控え室や共同研究室が設けられている大学が多い）。このため授業時間の前後を外すと，非常勤講師と連絡を取るには，メールなどの手段に頼ることになる。だから質問などがある場合は，授業の前後にうまく時間

を取ってもらおう。

なお，今日の大学では一般に，非常勤教員の比率は意外に高い。半数以上を占める例さえ見られるようだ。多様な学生からの要望に応えていこうとすると，どうしても内部の人材だけでは無理なのである。

また，一般企業における派遣社員の増加と同様のことが，大学でも生じているとも言える。つまり，経営上の効率を求めるために，非常勤教員に頼る大学もある。端的に言って，非常勤のほうが安上がりである。しかし，あまり頼りすぎると，A大学のはずなのに，B大学やらC大学の教員が教えている授業が多い，ねじれた状態になる。専任教員の比率があまりに低い大学は，「看板に偽りがある」との批判もされかねないだろう。

2.4.3　集中講義

主として長期休暇中に，「集中講義」と呼ばれる授業が組まれる場合がある。これは，遠い所にある他大学の教員を非常勤として招く授業が多い。本務校が遠いので，毎週通ってくることはできない。でも，夏休みの数日間に集中して講義することならできますよ，という場合などにこの方法が用いられる。

学問は非常に高度専門化がすすんでいる。このため，特定の問題に精通する専門家は全国探しても一握りしかいない場合もある。つまり引っ張りだこの状態になる教員である。このことからもわかるように，集中講義は「4年間で最初にして最後の受講のチャンス」であるかもしれず，要チェックなのである。

短期間でまとめて学ぶので，うまくやれば実りのある授業となる。

ただ，3〜4日で集中的に学ぶというのは，きついことも事実である。

2.4.4　オフィスアワー

大学の教員は職場が複数あることも多いし，研究や学会による出

張も少なくない。質問などで教員の研究室を訪ねても，いっこうに会えないことがある。そこで，オフィスアワーという時間帯を設けている。そして,「その時間なら確実に研究室にいますよ,来てくださいよ」というかたちになっている。英語でofficeというと，事務所の意味だと記憶しただろうが，もっと幅が広い。大学のオフィスは，まず研究室なのである。

3 期末テストの受け方

> **考えてみよう！** 【300字】
> 大学の期末テストは，高校までとどう違うか。

　成績をつけるにあたって教員は，評価基準をあらかじめ明記しておく必要がある。このことは，「大学設置基準」によって定められている。このため，最近ではシラバス上で「試験50％，レポート50％」などと，客観的に基準を示すことが強く求められている。

　学期末の一定期間に，一斉に各科目のテストがおこなわれる。このしくみは，高校までと同じである。中には，レポートのみで成績をつける科目もある。また発表の評定や，作品を評価の対象とする場合などがある。

3.0 準　　備

　期末テストの前には，やはりテスト勉強をして臨むことになる。ノートや資料を整理するとか，欠席した日のノートを友人に見せてもらうなど，準備をしておく。テスト直前となると，どこの大学でもコピー機の前に行列ができてしまう。先手を打って，早めに済ませるのが正解である。

　試験対策といえば，学生が伝統的，組織的に過去問の分析をおこなっている大学もある。そうではなくても，友人や先輩から情報を仕入れるなど準備作業をする。過去問の分析は，不正行為とはならない。私が学生の頃，毎年同じ問題が出るといわれる科目があった。「とにかく〜が出るらしい」などといううわさが学生の間で飛んで

おり，半信半疑でそこのところをよく勉強して受けた。しかし，結局実際に出たのは全然違う問題だった。このように，有用な情報ばかりでなく，ガセネタも飛び交うので注意しよう。

大学のテストでは，高校までとは違うしくみが登場するので，以下に列挙しておこう。大学によっても事情が異なるので，一般論と思って欲しい。

3.0.1 試験の場所と時間をよく確認しておく

何しろむやみに受講生の多い授業もある。そのため，講義時とは違う教室でテストが実施されることもある。テストの時には普段はまじめに出席していない学生も受験しに来るからである。オリンピック精神の実践である。また，不正行為を防止するために一列おきに着席するので，座席数がさらに不足するからである。

教室の割り当ては事前に発表されるので，確かめておく。そうすれば，いつもの教室に行ってみたら，自分に割り当てられた教室は別室だとわかってあわてる羽目に陥らずに済む。時間割も，通常の授業の時とは違う場合がある。

3.0.2 当日の持ち物は……

学生証と筆記具，時計。このほか，「参照物許可」方式（通称，持ち込みと言う）を採用する科目もある。この場合は，教科書やノートなど指定のものを参照しながら回答できる。当然ながら，参照が許可されているものを持っていかないと，不利である。なお，携帯電話は試験中に誤って鳴らすと，不正行為とみなされることがある。必ず電源を切っておこう。

たくさん覚えておいて，テストの時にそれを再生する，という学習観は一般的に嫌われている。そして，持ち込み方式では，基本的なことは頭に入れておくが，詳細については調べながら書く。このような学習へと現在大学は移行しようとしている，と考えればよい。

実生活を考えてみても，私たちは常にすべての詳細が頭に入って

いるわけではない。仕事でも自宅でもたいてい，必要に応じて資料を取り出したり，くわしい人に尋ねるなどして調べながら，問題に対応する。ただし，専門的知識がまったく頭に入っていなければ，何をどう調べて良いかさえわからない。「こういうキーワードを入れて検索をかければ良いかな」という見当がつけられる土台が必要なのだ。

実際に受験してみるとわかるが，どこに何が書いてあるかまったくわからなければ，とても時間内には答案を完成できない。調べたらすぐわかるような問題は出ないわけで，持ち込み禁止のテストよりもかえって難しいという声もよく聞く。

3.0.3 電子辞書

携帯電話はもともとが通信機器だから，不正防止のために試験室での使用を禁止するのが当然とみなされていた。PCも同様である。一方，辞書はふだん学習に用いるものであるし，誤字を防ぐためにも試験での利用を認めようという発想があった。しかし，電子機器における機能の高度化・複雑化で，このような見方も変更を余儀なくされている。携帯電話には辞書機能がつく一方で，電子辞書も多様な機能を兼ね備えた情報機器になりつつある。つまり，製品の名称だけからは，その機能が特定できなくなってしまった。

高機能で手頃な価格の電子辞書が普及し，紙の辞書はすっかり駆逐されてしまった。電子辞書の持ち込みを許可すると，百科事典の利用も認めることになってしまう。さらにメモ機能や通信機能がつくとなると，不正行為を助長しかねず，紙の辞書と同様には扱えない。そうなると，「電子機器類は一切持ち込みできません」とするしかない。

私の場合，参照可能式のテストでは，「すべての紙類」の持ち込み可能と指定している。しかし，PCの小型化はどんどん進む。今はブック型とかノート型などと呼んでいるPCも，何年かすると，紙そのものが電子化するだろう。そして，「ペーパーPC」になっているかもしれない。そうなると，いよいよ，参照可能の方式は成り立たないだろう。

3.1 試験当日の基本的な流れ

これも，一般的な話である。大学によってルールは異なるので，注意して欲しい。

3.1.1 着　席

試験室は事前に確認しておく。入室したら，1列以上となりとあけて着席する。遅刻は15分が限度，などと決まっている場合が多い。着席したら，学生証を机上に提示する。また携帯電話の電源を忘れずに切っておこう。

3.1.2 出欠確認

出欠票などを用いた確認がなされる。答案の紛失などという事故も起こりうるわけで，試験当日に出席したことを確実に記録してもらおう。

3.1.3 試験開始，答案の提出・退席

試験時間がまだ残っていても，答案が早く完成したら，提出して退出できる。ただし一般的には，「30分経過した後」などと条件つきである。

なお残念ながら，不正行為（いわゆるカンニング）が発覚して懲戒処分される例がある。他人の答案をのぞき見するとか，カンニングペーパーを持ち込むとか，昔からいろいろな手口が用いられてきた。現在では，縮小コピー作戦とか，携帯電話の悪用とか，技術の進歩に応じて手口も変わってきているという。

不正行為が発覚すると，その学期に登録していたすべての科目が失格扱いになる，停学（あるいは退学）処分になるなど，厳しく罰せられる。また，学内の掲示板に，大々的に学生番号や氏名など張り出されるという，すごい刑罰も控えている。江戸時代の「市中引き

回し」「さらし首」のようである。カンニングは，学生による究極のごまかし行為であるから，当然の報いということではあろう。ただし，21世紀にふさわしいかどうか……。

3.2　試験問題

　大学における試験問題の型式は，「〜について述べよ」という論述式の比重がかなり高いと言える。とてつもなく大きな問題を出す教員もある。「この科目で学んだことを述べよ」というような問題である（もちろん，これは極端な例だが）。試験は，その科目で何を学んだかを調べるものだから，これほど確かな問題もない。この問題なら，何を書いても合格しそうなものである。一方，書いても書いても完璧な回答にはならずに，不合格にされそうでもある。

　記号を選んで答える多肢選択法とか，穴埋め・○×といった型式（客観式）は，高校までの試験ほど用いられない。また，中には事前に問題を発表する教員もいる。こうなると試験というよりは，試験当日の限られた時間内にレポートを書かせる方法とも言えよう。

3.3　追試と再試

　授業にはずっと出席していたのに，病気，事故などで試験の当日に欠席した場合は，「追試」を受ける。電車が遅れたので間に合わなかった場合だと「遅延証明書」，病気なら病院の診断書が必要，などと決められている。また，点数が低くて不合格になった場合に，「再試」といってもう一度チャンスを与えられるケースもある。追試と再試とをあわせて，追再試という。ただ，これも一般論であって，このようなシステム自体がない大学もみられるようである。

3.4 成績に対する疑義があるとき

期末テストやレポートの結果，それぞれの科目の成績がつけられて発表される。たいていの大学では，A，B，C，Fとか優，良，可，不可という要領で示されている。合格すれば，晴れて単位が取得できる。最近では，GPA (Grade Point Average) 制度といってこれらを得点化し，平均的な成績を表示できるようにしている大学もある。

絶対に合格と信じていた科目の成績が，不合格になっているという騒ぎが，まれにある。「何かの間違いではないか」そう思ったときに，どうすればよいだろうか。

たいていの大学では，成績への「疑義照会」とか「異議申し立て」という制度がある。これも，すごい言葉である。時代劇で農民がお代官様に窮状を訴えているシーンに登場しそうだ。大学には，何百年も前の風習が生き残っている。

成績発表の結果を見て，試験を受けた科目が「試験欠席」の扱いとなっているなど，おかしな所がないかをよく確認しておこう。テストの得点を成績表に転記する際などに，間違いが起こりうる（自慢ではないが，実は私もやらかした経験がある）。レポートも，受け取ったのに，誤って別のファイル等に保存してしまうケースなどがある。

念のためにつけくわえておくと，これはあくまでも，教員側のミスによる不利益を避けるための制度である。勉強不足で不合格になった場合に，合格にしてくれ，という申し立ては却下されて終わりである。

考えてみよう！ 【80字】

大学の期末テストで，着席してから試験の始まるまでに準備しておくべきことは何か。

4 課題レポートの書き方

> 考えてみよう！　　　　　　　　　　　　　　【200字】
> 感想文とレポートとの違いを述べよ。

4.0　レポートとは

　大学の授業ではよく，レポートを書いて期限内に提出するよう求められる。単にレポートとも言うが教員によっては「課題レポート」「研究レポート」などの名称を用いる。卒業論文などの論文は今のところ，枚数も飛躍的に多くなった本格的なレポートだと考えておけば良い。

　レポートの提出を求められても，1年生は書き方がわからず困ってしまうだろう。レポートの書き方に関する約束事は非常に多い。実際，レポートの書き方だけをテーマにした本が多数，出版されている。学部や学科，また教員により，型式など指定がいろいろ異なる。ワープロで書くべきか手書きか，あるいはどんな用紙を用いればよいかなど，それぞれ指示に従う。ここでは詳細にはふれず，最低限の常識を以下に列挙する。

4.0.1　事実を述べる：感想文ではない

　中学校や高校では，読書感想文などの課題があったことを覚えているだろう。「この本を読んで私は，〜と思いました」……というものである。「その本を読んで，自分の思ったことをそのまま何でも，自由に書けばいいのだよ」と教えられたはずである。

　しかし，実は大学のレポートは，このような感想文とはまるで違

う。大学でのレポートは,むしろ客観的な事実を中心に書くものである。自分の意見や感想は付け足しにすぎない。事実とは明確に区別して書く。

　テーマが与えられている場合は,そのテーマに従って書く。「この問題はさておき〜」と言って,まったく別のことを書いて出す学生がいるが,何に対して回答を求められているのか,課題文をよく読んで欲しい。

　一方,テーマの設定が自由に選べるレポートもある。再び強調するが,いずれの場合も事実を中心に書くことが大切である。そして,根拠や出典(文献)を明らかにしておく(→ 4.3 文献の引用)。

コラム⑥　作文とアカデミック・ライティング

　大学は学問をするところだから,文章の書き方にも様々なルールやコツがある。しかも,やっかいなことに,高校までで学習してきた書き方とは,大きく違う。

　国語の授業では,文章から「作者や登場人物の気持ちを読み取る」ことが大切だった。書くときには,自由な「感想文」が重視されてきた。とにかく,「私は〜だと思いました」と書けば良かった。入試の小論文なら,自分の長所や短所,将来の夢などを語れば良かった。課題文を読んで答える問題でも,その内容を把握した上で「私はこう考える」と書くのだ。

　しかし,学問の世界では,自分の意見を言いっぱなしでは済まない。それを裏付ける客観的な事実や,証拠を示すよう求められる。レポートや論文のアカデミック・ライティングとは,そういうものである。

　また,従来日本の文化では,人々の間での「和」を重視してきた。そのため,話し手は強く自分の主張を前面に出すことを控える傾向があった。言いたいことをずばりと直接に言う代わりに,婉曲な表現をするわけだ。そのことは,会話だけではなく,文章表現においてもあてはまる。別に恥ずかしいことではない。日本における伝統的なコミュニケーションのあり方である。

　しかし,今やボーダレスな世の中になっている。会社にはいれば社長や上司が外国人,などということも珍しくない。論理と自己主張を前面に出す「欧米型」のスピーチや書き方が,表舞台に出てきた。はっきりと主張を展開できる能力が,ますます必要となってきていると言えるだろう。

> ### コラム⑦　宇宙人やネッシーの証拠
>
> 　アカデミック・ライティングでは，事実を示し，論理的に主張することが大切になる。例えば，あなたが「確かに宇宙人はいる」と主張したければ，そう信じる根拠を要求される。「私は宇宙人に会ったことがあるんだ」と言えば，「その人が宇宙人だったと，なぜわかったんだ？」と言いかえされる。あなたはその質問に対して，証拠を示すことができるだろうか。
> 　UFOや宇宙人の写真やビデオ？これらは，今の技術をもってすれば，いくらでも偽造できそうである。実際「超常現象」の目撃から何年もたってから，「あれは，私がやったいたずらでした」と，本人が申し出た例もある。イギリスのネス湖で目撃されたという怪獣「ネッシー」もそうだった。また，「ミステリー・サークル（穀物を倒して作った円状の図形）」もそうだった。むろん，この種明かしをした証言者がウソをついている可能性もあるから，これらは偽物だったと証明されたことにはならないが……。
> 　このように，「ただ何となく，自分はそう思うのだ」という書き方は，大学では通らないのだ。「暗くてよくは見えなかったけど，確かに普通の人間ではなかった。きっと宇宙人です」という主張では，誰も納得してくれない。無理を言っているわけではない。事実をしっかり調べて，それを根拠として主張せよということだ。

4.0.2　客観的に書く

　レポートでは，事実を中心に書くのだと述べた。言い換えれば，主観的な表現を避け，客観的な記述に努めることが求められる。次に示す例のように，具体的な数字や根拠を示しておくことが大切になる。

> ［主観的な表現の例1］
> 「日本は，犯罪の少ない安全な国だと言われている」
> 　⬇　より客観的な表現
> 「日本の犯罪率を欧米諸国（フランス，ドイツ，イギリス，アメリカ合衆国）と比較すると，主要な犯罪ではほぼ2割から4割ほどに留まる（平成20年度犯罪白書）」。

[主観的な表現の例2]
「日本では毎年，数多くの人が交通事故で命を落としている」
　　↓　より客観的な表現
「日本では平成20年に，約5千人が交通事故で命を落とした。」

4.1　書き方の原則

4.1.1　基本形
：はじめに〔1割〕☞ **本論**〔8割〕☞ **おわりに**〔1割〕＋ **文献**

　レポートや論文を構成する基本形は，「はじめに，本論，おわりに」の3段階である。分量としては，順に1割，8割，1割と考えておけば良い。

　まず「はじめに」で，これから書くことの概要を述べる。卒論の場合は，なぜ筆者がこの問題に関心をもったのか，つまり執筆動機や本論構成の紹介，目的などがここに書かれることになる。

　次に本論がくる。ここがレポートの中心で，さらにいくつかの段落に分けて書く。何十ページにもおよぶ論文の場合は，章や節に分けてわかりやすく書くのが一般的である。

　最後に「おわりに」で，これまで書いてきたことをまとめ，結論を書く。最後が肝心である。よく時間切れになってしまい，最後がテキトーになってしまっているレポートもあるが，かなり損をしていると言えよう。

　この後に，引用した文献のリストが続く。まれに，言い訳で終わるレポートを見ることがある。「がんばりましたが，時間が足りませんでした。すみません」などと書かれていたりする。あまりスマートな終わり方とは言えない。減点対象としたり，「そんなことを書いたら，0点にするぞ」と宣言する教員もある。試験の答案でも，同様である。

4.1.2 表紙には何を書くか

レポートは必ず表紙をつけ，綴じて提出する。紙の無駄にも思えるが，まずはこれが基本である。表紙には，以下の要素を忘れずに書く。

[表紙に書くべき事柄]
・授業科目名
・担当教員名
・レポートのテーマ
・提出者名
・学生番号
・提出年月日

4.1.3 「である調」で書く

である調とは，「……〜である。〜だと思われる。〜を検討したい。」などという語調の書き方を言う。もっと丁寧な言い方でなくて良いのか，と心配する必要はない。論文やレポートの書き方としては，「である調」が定着しているからである。つまり，特に「です，ます調」で書くように指示がなければ，「である調」で書けばよい。「です，ます調」は，レポートでは用いない。また，「である調」と「ですます調」とを，混在させてはならない。混在しているレポートは，ネットから文章を拾ってきて，つなぎ合わせているのだろう。

4.1.4 自分を指すには「筆者」を用いる

自分のことは，レポートでは「筆者」と書く。「作者」は芸術作品などの場合である。「私」を用いてもよい。「筆者は〜だと考える」「私は〜したことがある」などの表現をする。なお，まれに「僕」と書く人もいるが，絶対に避けたほうがよい。

4 課題レポートの書き方

4.1.5 1文の長さ

お役所の文書などを見ると，1文が100字を超えるなどというのは珍しくない（コラム参照）。しかし，これをまねてはいけない。レポートでの1文の長さは，40～50字程度を上限とするのがよい。

ワープロで打つときは，1行を35字程度に設定することが多いので，1行あたりに句点がひとつに近い見当になる。文章が長くなると，どうしても論旨がわかりにくくなる。短く，簡潔に，をこころがけて書いて欲しい。

1文の長さが50字を超えてしまったら，次のことを検討してみよう。

1）二つ以上の文章に分けることはできないか

文章が長いとき，たいていはその中身は複数のことを表現しようとしている。2つか3つに分ければ，論理的にもすっきりすることが多い。

> [二つ以上の文章に分ける例]
> 「文章が長いと，どうしてもわかりにくい文章になりやすいし，結局は焦点がぼやけて人に何かを伝えることができなくなってしまう。」
> ⬇
> 「文章が長いと，どうしてもわかりにくくなりやすい。焦点がぼやけ，人に何かを伝えることができなくなってしまう。」

2）単語の重複はないか

1つのセンテンスの中に，重複して同じ言葉が出てくる場合がある。このときは，一方を削るか，表現を変える。

> [単語を削る例]
> 「生徒の学力をテストするために，●●学力テストを実施した。」
> ⬇
> 「生徒の理解度を確かめるために，●●学力テストを実施した。」

3）同じ内容を，別の簡潔な表現にできないか

以下の例にあるように，ある内容を示すぴったりの日本語があるなら，その表現で置き換えていく。

> [簡潔な表現に置き換える例1]
> 「あわてていたので，すっかりもう鍵はかけたものと思いこんでしまった」
> ⬇
> 「……もう施錠したと早合点してしまった」
>
> [簡潔な表現に置き換える例2]
> 「議論が同じところを何度もぐるぐると回り始めた」
> ⬇
> 「議論が堂々巡りを始めた」

4.1.6 分量や書式の指定に従う

執筆分量を指定される場合がある。たとえば「レポート用紙5枚以内」と言われたら，1枚でもOKだろうか？理屈ではそうだが，やはり4～5枚書いて出すのが普通だろう。また，紙の大きさやワープロの場合の行数・字数など，指定がある場合はそれに従う。メール添付で送信する，という場合も同様である。

4.1.7 NGワード

日頃友だちとの間で交わしているような言葉が，レポートに出てしまう場合がある。どうしても安っぽく見えて不利なので，避ける。

> [NGワードの例]
> 「私はAだと考えている。というか，Aだと断言してもいい」
> →
> 「私はAだと考えている。むしろ，Aだと断言してもいい」

4　課題レポートの書き方

「というか」は「むしろ」など，別の表現にした方がいい。このほか，「みたいな」（のような）など，日常の会話で使っている言葉は，要注意である。

コラム⑧　長いお役所ことば

「お役所仕事」というと，非効率な仕事や融通の利かない対応のことを指している。そして「お役所の文章」は，堅くて長いという印象がある。実際に，政府機関の公式ウェブページなどを見ると，どうにも長すぎる文章がすぐに見つかる。素人にもわかりやすく書こうという配慮がない。軽く100字を越える長い文章が，ごろごろしている（参考までに，本書の草稿は1文平均32文字で書いた）。以下に，そんな長文の例を2点挙げておこう。実に難解である。

例1
　食品は，国民の生命及び健康に密接な関わりを有し，その衛生の確保及び向上を図ることは，国民が健やかな日常生活を営む上で極めて重要である。……（中略）……このような状況の中，国民が健康で安心できる食生活を送るためには，食品等事業者はもとより国民に対する食品衛生思想の普及・啓発，食品の安全性に関する情報提供及びリスクコミュニケーションの推進並びに事業者のコンプライアンスの徹底を通じた食の安全の確保を図ることが必要不可欠である。（厚生労働省HP より 食品衛生月間実施要領（平成23年度）「趣旨」の冒頭 http://www.mhlw.go.jp/topics/bukyoku/iyaku/syoku-anzen/syouhisya/040716.html ）

例2
　犯罪白書は，犯罪の防止と犯罪者の改善更生を願って，刑事政策の策定とその実現に資するため，それぞれの時代における犯罪情勢と犯罪者処遇の実情を報告し，また，特に刑事政策上問題となっている事柄を紹介する白書です。（法務省HP 「犯罪白書」の説明 http://www.moj.go.jp/housouken/houso_hakusho2.html）

お役所の立場で弁護すれば，「幅広く住民の方々の要望を取り入れて公平に，正確に書きました。その結果，こういう長い文章になったんです」というところだろう。それにしても，これらの例はいずれも，わかりにくい。決してレポートでまねてはいけない！

コラム⑨　実習記録の書き方

　大学に在籍する間に，現場にでかける機会がきっとあるだろう。様々な実習やボランティア活動，インターンシップなどである。学校にでかけておこなう教育実習は，その良い例である。そうした実習においてはふつう，「実習日誌」などと呼ばれる記録を毎日書いて提出することになっている。ちゃんとコメントを返してくださる指導教員も多い。

　毎日の実習は，学生としての学習の機会である。しかし，同時に，教育実習生も，ひとたび教壇にあがれば，れっきとした教員として扱われる。生徒もみな，あなたのことを〜先生と呼んでくれるだろう。実際に生徒と接し，教科指導をおこなったり，一緒に清掃活動をしたりもする。学生として勉強する場である教育実習は同時に，教員としての勤務なのである。

　実習生が学校に行くのは，通学ではなく通勤である。学校についたら，「出勤簿」に押印して，一日が始まるのだ。そこで，教育実習記録は，勤務の報告書という性格をもった公式の文書として扱われる。そして，ペン書きし，もし誤りがあって訂正する際には，訂正印を押す必要がある。

　実習を終えて大学に帰ってきた学生の記録を見ると，やたらに訂正印が押してあるものが少なくない。同じページに3つも4つも，訂正印がべたべたと押されている。しかもたいていは，単純な誤字である。これは，決して美しい姿ではない。しかし，修正が簡単なようにと鉛筆で書くわけにもいかない。「公式な記録なので，ペンで書いてください」と指導されるからだ。漢字に自信がなければ，まず辞書を引く習慣をつけて欲しい。

　学生同士のメールなどでは，（笑）とか，(*^_^*)などの絵文字が頻繁に登場する。ネットや携帯電話で発達してきた表現方法であり，発展の可能性を秘めた優れた文化だとは思う。しかし，レポートでの文章に関しては，これも避ける方が無難である。採点者が，ユーモアのセンスに富んだ教員であれば，笑って許してもらえるだろうが……。

4.2 文献の引用

研究論文中での引用では,ある主張を誰がどのような本や論文の中でおこなったのかを明記する。すると,その論文を読み疑問を感じた読者は,その真偽を自ら確かめることができる。

文献の引用を正しくおこなうことは,非常に重要である。もしある人の書いた文章を正しく引用せず,勝手に無断で用いた場合,それは盗用(剽窃(ひょうせつ))になってしまう。盗用は,テストの不正行為と同様,厳しい処分を覚悟すべき悪いおこないとみなされる。

他人の物を勝手に持って行ったり,お金を盗ったりすれば,犯罪となる。他人の文章や絵,音楽などの創造物は,「知的財産」である。

本の場合,論文の場合,とそれぞれ細かく引用方法が決まっている。以下では基本的なかたちだけを簡潔に示す。

①本文中でまずある主張をした著者名を明示する。そのうえでさらに,②巻末の文献欄や脚注などで,その詳細を記載する。

4.2.1 本文中での示し方

ある主張や事実が誰のどんな論文や本に書かれているのかを,本文中では例のように示す。(　　)内の数字は,発表された年である。このように表記すると,同じ著者による複数の論文を,区別して示すことができる。また,学問は進歩していく。ある事実が発見されたり主張された時点を明示してあれば,議論の経緯が理解できる。

[出典明示の例1]
宇田(2005)によれば,BRD方式は,授業中における学生の集中度や理解度を高める効果がある。

[出典明示の例2]
BRD方式は,授業中における学生の集中度や理解度を高める効果があるという(宇田,2005)。

4.2.2　文献欄での示し方

　一般にレポートや論文の末尾には，文献欄が置かれる（該当ページの下に，脚注として入れるなど，ほかの形式もある）。その書き方にはさまざまな約束事がある。単行本の場合では，少なくとも次の4要素を入れて記載しておく必要がある。著者名，表題，出版年，出版社である。

　本は複数の著者が協同で執筆していることも多い。そのうち特定の章を対象として引用した場合など，書き方はより複雑になる。専門領域によっても異なる場合がある。卒論では，指導教員の指示に従って欲しい。

［文献記述の例］
　宇田　光　(2005)．大学講義の改革　北大路書房

4.2.3　ネットからの引用

　研究機関のウェブページ等からの引用の場合はどうしたら良いか。この場合は，そのページのタイトルやURLを明記するほか，閲覧した日まで書く慣習が定着しつつある。電子的な情報は便利である。ただ，短期間でやたらにURLが変わったりする。あまりに古い情報だと，役にたたない可能性が大きいのである。

［URL引用例］
　南山大学ウェブページ URL：http://www.nanzan-u.ac.jp/Menu/index.html　(2010年12月20日アクセス)

　なお，ウェブ上の情報は，玉石混淆である。意図的に，あるいは意図せずに誤った情報を流している場合もある。新聞やテレビなどのメディアから得られる情報と同様に，常に批判的思考をもって接する構えが求められる。

4.3　図書館の利用

　大学の多くは，数多くの学部・学科や研究所などからなっており，それぞれが図書館や図書室をもっている。また，誰でもすぐに閲覧（資料を読み使うこと）ができるオープンな書架（開架図書）と，より使用上の制約が強い（閉架）書庫とに分かれている。集密書架といって，電動で本棚が移動するしくみもみられる。限られたスペースを有効に活用する工夫である。私も学生当時には，ボタン一つで巨大な本棚が静かに動いていくさまを見て驚いた覚えがある。通路にいると，迫ってくる本棚にはさまれてしまいそうだが，大丈夫，安全装置がついていて，物に当たると感知して止まる。

　さらに図書館は，本や雑誌だけが保存されている場所ではない。紙に書かれた文字情報を中心にしていた図書館だが，最近では音声や映像の情報も備えている。DVD，ブルーレイディスクなど各種のメディアが揃っている。古い文書がマイクロフィルム等のかたちで保存されている場合もある。

　本や各種メディアは，日本十進分類法（NDC）と呼ばれる方法で，数字で分類して並べてある。100 番台は哲学，200 番台は歴史，などと決められている。この基準に従うかぎりどこの図書館でも，同じようなかたちで本が整理される。たとえば心理学の本なら，140 番あたりを探せばよいかな，と見当がつけられる。単純な方法であるが，役に立つしくみである。

　かつては，どの図書館のどこにどのような書物があるのかを探すにも，手作業に頼っていた。文献カードを 1 枚，1 枚と検索する作業を繰り返す必要があり，大変に労力と時間がかかった。幸い今日では，図書を検索したりその所在を確認する作業が，急速に IT 化された。そのため，非常に組織的かつスピーディに，作業が進む。

　インターネットなど，高度な情報通信技術のおかげである。OPAC（オーパック）と呼ばれるシステム等を用いて，図書館にある資料の情報を調べることができる。さらに，学術雑誌などの論文そ

のものも，電子化が進んでいる現状がある（ただし，有料での配信となっているのが普通である）。こうなると，あるテーマでネット上を検索すると関連する論文にいきあたり，さらにその本文そのものを PC 上にダウンロードできる。

　つまり，もはや自宅にいながらにして，専門的な雑誌論文の本文が入手できる時代になってきた。論文だけではなく，本そのものの電子化も今後は進んでいくであろう。実際に図書館という名称も，今日では「情報センター」とか「メディアセンター」等へと変わりつつある。われわれが利用するのは，本の紙そのものではない。その本に記載されている情報である。つまり情報が，必ずしも本という紙メディアでなくても構わないからである。

コラム⑩　年季の入ったレポートいろいろ

　私は長年にわたって，何万枚というレポートを読んできた。中には，「生活臭」の漂ってくるレポートを見かける。目立つのは確かだが，やはり中身で勝負して欲しいものだ。服装や髪型に気をつかう世代の人たちにしては，レポートのこの外観には「どうよ？」と言いたい。「努力と苦労の跡」が如実に現れているとも言えるが……。

- **しわくちゃレポート** ➡ アイロンをかけてもいいんですよ！無ければ，一晩ふとんの下に敷いておこう。
- **すり切れレポート** ➡ かばんの中で長時間，他のさまざまな物質とよくこすれ合って，文字が薄くなりました。
- **コーヒー風味のレポート** ➡ 紙なのだから，洗濯したら溶けます。クリーニング屋さんも，こんなものを持ち込まれては困ってしまう。書きながらコーヒーを飲むときには，気をつけて。
- **修正テープがなかったのでそのまんまレポート** ➡ ペン書きしたもので，間違った際に，上に二重線を引いて書き直してある。スマートに修正できるテープが，いろいろと市販されている。そう高いものではない。100円均一ショップで買おう。

4.4 BRDについて

BRDとは,「当日ブリーフレポート方式」(宇田, 2005)の略である。前にも述べたように,情報化の進展によって,講義はすでに時代遅れとなった。しかし工夫次第では,講義の形式を生かしたままで,有意義な学習の場としてリフォームすることはできる。そのための工夫の1つが,BRDである。

4.4.1 BRDの手順

BRDを用いた講義は一般に,次の4段階に分かれている。①テーマ確認,②構想,③情報収集,④執筆である。通常,②構想と④執筆とが個々の受講生が個別に課題に取り組む時間帯となる。この2段階を合わせて,標準的には30〜40分程度である。

それぞれの時間,学生がおこなう活動を説明しよう。BRDでは,授業の冒頭で教員がA4版で1枚の「当日ブリーフレポート」書式を,受講生に配布する。

1) 確　認

「確認」段階では,教員が当日のレポートテーマを提示する。テーマは,板書などの方法で示される。通常は複数のテーマを準備しておく。時間配分も,ここで示される。「前半15分,後半20分」という要領である。

2) 構　想

「構想」段階は,講義前半で考えるための時間である。受講生はここで,示されたテーマに対してどのように回答すべきか,構想を練ることになる。もちろん,教科書や参考書を参照して進めていい。また,この時間帯に当日ブリーフレポートを書き始めてもかまわない。

3) 情報収集

「情報収集」段階は，教員による説明などの講義時間である。ただ，単に教員が説明するばかりではない。他の受講生がテーマに関連して何を知っており，何を考えるか。どう書こうとしているか。そして，どう書いているかを知る機会にもなっている。小グループで互いに情報交換する，数名を指名して構想を発表してもらう，などさまざまな方法が取れる。

4) 執　　筆

「執筆」段階は講義後半で，当日ブリーフレポートを執筆・完成する時間にあたる。早く完成した場合は，教員に見せてその場で評価してもらうこともできる。

5) 修　　正

さらに，終了間際にまだ時間がある場合には，「修正」段階を加える。ここでは，隣の受講生とレポートを交換して，互いに誤字脱字などがないかを確認する。また，簡単なコメントをつけてもらったり，ある観点から評価してもらったりできる。

なお，授業終了後，こうして完成したレポートを提出して退室する。教員は，翌週の授業までにそれぞれのレポートに目を通して，必要に応じたコメントを加えるのが理想である。ただ，受講生数が多い場合は，なかなかそこまでは丁寧に見る時間が取れないのが現実だろう。それでも，抜粋して一部を読んでおけば，次週の授業冒頭で，執筆例として紹介したり，誤解のあった所を補足説明することができる。

4.4.2　BRD のねらい

BRD には，数多くの利点がある。以下には，その主なものを列挙しよう。

第一に，90 分の授業に明確な到達点がある。それは，あるテーマ

に関して，90分間でレポートを1枚書き上げて提出することだ。そして，個々の受講生は授業中に，その具体的な課題に集中できる。明確で具体的な目標があることは，授業を進めるうえできわめて重要なポイントである。このことはまた，私語などの問題を予防する効果も生む。さらに，個人の課題としての執筆が終わった時には，達成感も得られる。

　第二に，構想段階で指定のテーマについて考えた受講生は，教員の説明を聞くかまえができる。また，関連する知識が活性化される。そして，より動機づけの高まった受講生に対して，情報提供がなされることになる。

　第三に，当日ブリーフレポートは翌週返却されるので，比較的短い周期でフィードバックを受けながら，学習を進めることができる。いわゆる形成的評価となるわけだ。また，学習過程の重視，そして自己評価などの特徴は，ポートフォリオ評価にもつながっている。

　第四に，情報収集段階などで，他の受講生ともコミュニケーションが図れる。それによって共通の目標に向けて協力していく仲間という枠組みができあがる。ペアで二つのテーマを分担して考え，後半で互いに教え合うという方法も取れる。

　第五に，レポート執筆の反復練習が可能になるという点である。タッチタイピングの習得練習と同じで，ひたすら同じパターンを繰り返す中で，要領が習得されていく。基礎ゼミでの課題としても，BRDは最適なのではないか。

　このように従来の講義に見られがちだった欠点をうまく反転してしまう仕掛け。これこそが，BRDなのである。一方向性→双方向性，注意散漫・私語→集中，課題の不在→明示，総括的評価（期末テスト）→形成的評価という具合である。

　教員主体に陥りがちな講義を，個々の受講生が主人公になって参加する枠組みに転換する。これが，BRDのツボだと言い換えてもいいだろう。

4.4.3 BRDを用いた講義を受けるコツ

　BRD方式の講義は，受講生にとっては忙しい時間となる。何しろ，90分間で1つのレポートを仕上げてしまう必要があるのだから。しかし，一方でこの90分で完結してしまうとも言える。学期末になってから，あわてて友人にノートを借りようと駆け回ったりする必要はない。要領さえわかれば，これほど楽に単位が取れる授業もない，ということにもなる。以下に，BRDを攻略するための秘策を述べよう。

1) 予習と出席

　当日ブリーフレポートは，出席した当日にのみ書くことができる。よって，まずは授業にちゃんと出ることが基本となる。もちろん，教科書など指定の教材や電子辞書は，必ず持参する。事前にテーマが発表されている場合は，予習する方法もはっきりしている。教科書の索引などを用いて，該当するページを調べて読んでおく。また，大切な所に下線を引くなど，対策が取れるだろう。

2) 当日の取り組み

　「せっかち派」とか「じっくり派」とか，時間配分の仕方はいろいろある。せっかち派は，前半（構想段階）で，できるだけたくさん書いてしまおうとする。ただ，この人たちの成績はたいてい悪い。最初の時点で既に持っている乏しい知識だけで無理に書くのだから，当然の結果だろう。

　一方，じっくり派の人たちはより慎重に考え，より多くを後半（執筆段階）に書く。しかしこの場合，時間切れに陥るおそれもある。そこで多くの人が，両者の中間の道を歩む。つまり構想段階で，書ける部分だけにしておき，残りを後半で書く方法を取る。

　BRDの分量は常に1枚限りである。しかし，はじめに→本論→おわりに，という基本形は，何十頁もある大論文の場合と変わらない。「はじめに」では，これから何を書くのかを明らかにする。卒論な

どでは，いったい何をテーマに選べばいいんだ，と途方に暮れてしまう人が少なくない。しかし，課題レポートの場合，既にテーマは教員の側で決めて具体的に提示されている。BRDでは通常，教員の示したテーマをそのまま生かして書けば，簡単である。次の例のように1～2行で簡潔に述べればよい。

> [BRDの例]
> BRDテーマ 「記憶の3段階モデルにおけるSTMの特徴を説明せよ」
>   ↓
> 執筆例 「記憶の3段階モデルにおけるSTMの特徴を，以下に説明する。……」

情報収集段階では，他の受講生の構想や，教員による説明を聞いて，ノートにメモを取っていく。講義中に，ノートを使わず直接レポート用紙に書いてしまう人もいる。しかし，これはあまり賢明なやり方ではないだろう。

最後に，執筆段階で，前半では書けなかった点を加筆していく。

3）講義後の修正

次に，BRD方式を用いた授業では，提出したレポートが次の週に一旦返却される。そこでもし誤字などの指摘があった場合には，必ず修正しておく。「分量不足」の場合は，加筆しておく。実際，レポートの中身では大差がつかない。「量で勝負」ということはないにせよ，やはり最低限の量は確保するほうがいいだろう。

BRDではレポートが一旦戻ってきても後日，再提出を求められる。そこで，無くさないように注意する。「何枚か無くしました。どうしましょうか」という人が毎年出る。自己責任である。

4）資料の保管

書類は，科目ごとにファイリングする。そして，確実に保存する，

という習慣も，是非この機会に身につけていこう。ポートフォリオは，蓄積された学習の記録となる。それは，自分で見直したときに，良い復習用の教材になるものでなければならない。ファイリングの際には，原則を自分で決めて単純化して並べていく（梅棹, 1969）。私の場合，思いつきやすい項目の頭文字で，ファイルを並べている。例えば「教育心理学」の授業ファイルは，「Kyo 教育心理学」と書かれたファイルに入れられている。並べる順番は，アルファベット順とか，あいうえお順とか，自分で決めればいい。検索するには，「教育……」だから K の所にあるはずだ，と探すことができる。

あたりまえではないか，と思う人もいるだろう。しかし，このような単純な原則を貫くことは意外に難しい。挫折しないように。一見，面倒に思える。でも，必要な書類を探し出すために浪費される時間を節約できれば，安い投資なのだ。

4.5 卒論に挑む

卒業論文を書くことが，卒業するための必須条件となっている大学や学部が多い。4 年間にわたって単位を取ってきて，最後に控える大きな関門である。本書の読者の多くにとっては，まだ先のことだろう。しかし，2 年や 3 年はあっという間に過ぎてしまう。その時に備えて，簡単にふれておこう。

卒論にふさわしいテーマは，専門分野次第で当然異なる。ただ，特に文系の学部学科では，たいていそれを自分自身で考える必要がある。「自問自答」するのである。ゼミによっては，指導教員が何らかのヒントをくれる場合もある。

このテーマ決定そのものが，意外にやっかいな部分である。「いったい，何をすればいいんだ？」と途方に暮れる人もいる。しかし，さほど難しく考えなくてもいい。まずは，同じ学科の卒業生が過去に書いた卒論のテーマを調べてみるのもいいだろう。そして，素朴に疑問に思ったことの解明に取り組んでいけばいい。

ここで必要なのが，クリティカル・シンキングである。つまり，ある事実や意見が示された時，「本当かな？」と疑う姿勢である。あるテーマに関して本を読んでいて，疑問に思うことがあるだろう。どうもこれは変だな，と思ったところがスタート点である。あるいは，インターネットでウェブページを閲覧していて，おやっと感じる瞬間がないだろうか。

　しかし，あなたが普通に疑問に感じることは，たいてい他の人たちだって気づいている。そうした疑問を調べ始めると，「何だ。もう他の人達がしっかり調べて，その答えが出ているぞ」とわかる場合も少なくない。そうなると，振りだしにもどって，テーマは練り直しである。

考えてみよう！ 【400字】

レポートを書く際，留意すべき点を3つ述べよ。

Part 2

大学生活を楽しむ
護心術としてのクリティカルシンキング

大学生活は楽しいもの。
ただし，意外な危険や誘惑も多い。
気をつけよう。

5 大学生活ことはじめ

　大学生活は，実に楽しいものである（大学・学部にもよるが）。概して，高校のときと比べれば自由な生活がおくれる。大学を卒業した社会人はたいてい，学生時代を懐かしく振り返る。そして，大学にいた頃は良かったな，とつぶやくのである。

　まず，高校に通っていた時と比べると，自由になる。親元を離れて下宿生活を始める人も多いだろう。大学には，広い地域から多様な学生が集まる。高校までと比べて，友人関係も広がっていく。

　社会福祉施設でボランティアをするなど，さまざまな社会的活動に参加する。親しい仲間と旅に出る。外国の大学に語学留学する……。生活空間は，どんどんと広がっていく。

　アルバイトで生活費を稼ぐことも，一般的になる。むろん，お金を稼ぐことは容易なことではない。まず，まとまった時間を取られる。またアルバイトとは言っても，正社員と変わらない強靱な体力や精神力を，そして仕事に対する責任感を問われることになる。しかし，仕事によって得られる充実感や，学ぶこともまた多いのである。

　このように，大学生活では，やり方次第では新たな刺激も多く得られる。充実した毎日の生活で，成長していくことができる。ただ，その一方で，意外な危険や誘惑も多い。油断できないこの世の中。下宿で一人暮らしを始めた人は特に，自分だけが頼りである。

　安心して生活していくには，自己防衛をする必要がある。さまざまな知識を備え，クリティカル・シンキング能力を鍛えていくことが，何より不可欠となってくる。護身も必要だが，「護心」も不可欠な時代なのである。

コラム⑪　恋愛の今昔

　学生時代の筆者は，恋愛とは無縁と言ってもよかった。完全にオタク系学生だったのだ（そして，SFに関してはこの年齢になってもまだオタクのままなのだが）。学部生の間，無理をしてかわいい後輩に手紙を書いてみたり，声をかけてデートに誘ったりもしたが，その恋が実ることはなかった。女性に関して極めて不器用だったので，当然の結果ではある。

　そこで，彼女の自慢話をする友人の話を聞いては，「うらやましいなあ……」と指をくわえて見ていた。また，今度はその友人が彼女と別れると，一緒に呑みにいくわけだ。同じ学部の同級生に一人だけ，なんと学生結婚した友人がいて，仲間から尊敬されていた。

　現在では，就職も厳しい状況にあるし，結婚年齢が上がっている。なかなか学生のうちに結婚することまではできないだろう。しかしこの時こそ，男女出会いの絶好の機会である。就職すると，周りはみな同性の人達ばかり，などという場合も多いのだ。学生のうちにがんばって，いい相手をみつけて欲しいものだ。

　かつては，女性をデートに誘うのも大変だった。筆者が学生の時代，電話はまだ固定だ。携帯電話が登場し，普及したのはごく最近のことなのである。しかも当時は学生と言えばみな貧乏で，下宿の部屋に電話はない。近くの公衆電話まで歩いていって，10円玉を入れながら話をするのだ。今から考えてみると，よくあのような不便に耐えていたものである。

　現在では個人が電話を持っているので，直接本人と会話できる。ところが，当時のような固定電話だと，まず相手の親と話すことになる可能性も高い。変な男かと怪しまれては，取り次いでもらえない。それだけでも，ハードルがかなり高かったのである。その一方で，情報保護法などなかったし，クラスの名簿などは平気でコピーして配っていた。お目当ての人の電話番号をゲットすることだけは，より簡単だったかもしれない。

　また，無事デートの約束を取り付けても，安心できない。待ち合わせの時間に遅れたり，場所を間違えたりしても，互いに連絡のとりようがなく，アウトである。それに比べると現在は，携帯電話もメールもあって，いつでも連絡が取り合える。しかし，二人で話す機会に対する「緊張感」のような何かが，奪われたようにも見えるのだ。

　私たちの世代と現在とで比べると，学生の住環境も格段に向上した。当時の学生下宿は6畳1間程度があたりまえ。トイレや調理場は共用，風呂は銭湯に通うという生活であった。彼女と二人だけで落ちついて過ごす場を確保することなど，至難の業だった。それが現在では，学生下宿といってもワンルームのマンションが普及し，風呂やトイレもついているのが標準になった。いい時代になったものである。

5.1 詐欺的商法への対策

世の中には「患部に手をかざすだけで，病気が治る」，「念力で物体を動かすことができる」「ご先祖様の霊と対話させてさしあげましょう」など，さまざまな非科学的主張をする人々がいる。

健康にいいと称して，怪しげな食品やサプリメントを売る人たちもいる。それが身体に害のないものであれば，効果がなくても「役に立たなかった」で済む。お金を無駄にしただけである。でも，それが有害な物であったために，一生その後遺症に苦しむ例，さらには不幸にも亡くなった例もある。

厚生労働省のウェブページ (http://www.mhlw.go.jp) には，いわゆる「健康食品」の健康被害事例が示されている。また，国立健康・栄養研究所のウェブページ (http://hfnet.nih.go.jp/) では，「健康食品」の有効性・安全性情報として，詳細なデータが示されている。

振り込め詐欺に代表されるように，人の不安な心理をついた犯罪は後を絶たない。「本当だろうか」と疑ってかかる姿勢をもたないと，あなたは簡単に犠牲者にされてしまう。正しい知識を身につけることで，さまざまな現実の問題に，より合理的な対処ができるだろう。

役にも立たない商品や危険な商品が市場に出回ってしまった場合，企業は責任を問われる。欠陥車などは，危険がわかった時点で直ちに回収して修理しないと，事故による被害者が生じかねない。電化製品などの多くにも，常にそうした目が光る。一方，たとえば詐欺師や「超能力者・霊能力者のサービス」は誰が，どうやってチェックするのか。

結論を言えば，こうした個々の主張の真偽をチェックするのは，個人なのだ。つまり，あなた自身が自分の知識と思考力で，その商品やサービスの価値を見極めることが求められる。

「警察とか，消費者庁とか，行政がすべき仕事だ」という意見もあるだろう。しかし，限られた人員でこうした悪質商法をすべて取り締まることなど到底不可能である。自分の身は自分で守る，が基本であろう。

コラム⑫ 「温室」としてのニッポン

　海外旅行から帰るたびに，つくづく思う。「あ〜日本に生まれて，ほんとうに良かった」。気候は温暖だ（夏は台風があるし，地震は怖いけれど）。食堂やレストランのサービスもいい。ホテルはたいてい快適だし，部屋もバスルームも清潔だ。電車は時間通りにちゃんと来る。水は簡単に手に入るし，水道水だってそのまま飲める。どこに行っても，日本語が通じる。

　電気は当然のようにいつでも使える。都会は何かと便利で，夜道もたいていの所は安心して歩ける。最近では，田舎にもコンビニがあって，遅い時間まで営業している。届けたい荷物は，翌日には目的地に着く。政府の悪口を大声で話していても，逮捕されたりしない。何より，和食はおいしい……。

　このように現代の日本人は，きわめて安全で便利な暮らしやすい社会を築きあげた。ひとたび外国に出てみればすぐに，安全や便利さは万国共通でないことに気づくだろう。特に開発途上国に行くと，それを痛感することになる。安全な水や食糧を容易に確保できない国が，世界にはまだたくさんある。それどころか，身の安全さえ確保が難しい地域も少なくない。そこで，日本人が海外旅行をする時は，囲われた安全地帯（温室）から，ジャングルに分け入っていくような状況になるのだ。

　少々脅かしすぎかもしれない。ただ，留学や海外旅行に行くときには，それくらいの心構えと準備をして臨んで欲しい。そうでないと，「金持ち国からいいカモがやってきた」と，犯罪の被害者にされてしまう。

5.2　不思議現象に関する大学生の信念

　大学生は，言うまでもなく「高等教育」を受けている人たちである。しかし，「不思議現象」に関する信念に関して調査した結果，大学生でもかなり多くの人たちが不合理な信念を持っていることが明らかになっている（たとえば南, 2009, 2010）。つまり，大学生と言っても，クリティカル・シンキングの能力が十分でないことを示している。

　幽霊や UFO，たたりや超能力……。こうした不思議で神秘的な

現象に興味を持ち，想像をはせること自体は，決して悪くない。しかし，不思議現象を簡単に信じこんでしまうようでは，やはり困るのである。例えば，あなたが就職活動で苦労して面接にこぎつけた企業の人事担当者が占いに凝っていたら？　採用合否が，血液型性格判断で左右されるとしたら？　抗議しなくて良いのですか？

　また，クリティカル・シンキングを鍛えておかないと，詐欺やカルトの被害に遭うおそれも高い。怪しい話を見聞きしたら「本当かな」と疑い，事実を確かめる習慣を普段からつけた方が良い。「ホンマかいな？」を口ぐせにしよう。

6 破壊的カルトとその対策

> **考えてみよう！** 　　　　　　　　　　　　　　　【1200字】
> - カルトとは何か。その特徴を説明せよ。
> - 日本で破壊的カルトの引き起こした代表的な事件をあげて，具体的に説明せよ。

6.0 カルトとは何か？

「地球平面協会」，このユニークな団体の主張は，その名称（Flat Earth Sociaty）から明らかであろう。誰がなんと言おうと，地球は平らなのだ！ということである。世界最初の人工衛星スプートニクが飛んだ前年にあたる1956年に設立されたという。宇宙から撮った数多くの地球の写真を見せられても，彼らはひるまない。実に頑固な人たちなのである。

確かに，実際に地球の全体像を自らの目で確かめた人など，ごく一部の宇宙飛行士だけである。しかし，多くの現代人はそれでも，「地球はほぼ球体に近い形をしている」という科学的知識を，そのまま受け入れている。

この誇りある協会のように，非常に強く（リーダーの提示する）ある信念を共有すること。これが，カルトの一つの特徴である。しばしば，宗教団体ではこのような特徴が見られる。地球平面協会も，その意味ではカルトに近いかもしれない。

しかし，ただ変わった主張をする人たちの集団であるというだけで，それをカルトとは呼ばない。社会に迷惑をかけているわけではない。法律に違反しているわけでもない。ただ，普通の大多数の

人々とは違うことを強く信じているだけだ。

本当に怖いカルトは，本来の目的を隠し，巧妙に他人を罠にはめる。そして，集めた信者を勧誘者として動かし，自己増殖していく。こうして，信じがたいほど強力な力を握る団体も出現する。

6.1 破壊的カルト

犯罪事件を引き起こすなどして，人々に迷惑をかける反社会的なカルトは多い。これを，破壊的カルトと呼ぶ。統一教会やオウム真理教などが，よく知られている。

1990年代には，さまざまな破壊的カルトが事件を引き起こした。まず第一に，韓国の文鮮明を教祖とする統一教会（世界基督教統一神霊協会，統一協会）である。彼らは，霊感商法や国際合同結婚式でたびたび問題となった。歌手の桜田淳子ほか芸能人の信者がいたこともあって，当時のマスコミは注目し，連日繰り返し報道した。このようにカルトは，有名人の権威を好んで利用する。

なお，こうしてカルトなどに悪用される人はしばしば，「広告塔」と呼ばれている。最近では，人気ロックバンドX-JAPANのボーカルであったTOSHIの例がある。彼は，「ホームオブハート」に騙され，自らの稼ぎをほとんど巻き上げられたと言われる。同時に，その広告塔として使われる被害にあったが，後に脱会している。こういう影響力の強い有名人がカルトに嵌ると，ファンなど周囲の人まで多数巻き込んでしまい，問題が拡大してしまう。

霊感商法は，一種の悪質商法である。霊感があるかのように装って被害者に近づき，「あなたは（ご家族は），このままでは不幸になる」などと言って，不安をあおる。そして，壺や印鑑などを高値で売りつける。「開運商法」と呼ぶ場合もあるようだ。

また，合同結婚式は，直前まで本人が自分の結婚相手を知らない，という奇妙なものである。なお，近年でもこのような悪質商法や大規模な合同結婚式を通じて，統一教会は大金を集めている。その活

動は,決して衰えていない。

破壊的カルトの第二は,オウム真理教(現,アーレフ,ひかりの輪)である。1995年に地下鉄サリン事件を引き起こした。このとき,東京の地下鉄複数の路線で,車内において化学兵器で猛毒のサリンが意図的に散布された。その結果,11名の死者を含む膨大な数の犠牲

コラム⑬　盲目的服従

　第二次世界大戦後,ナチスドイツでユダヤ人虐殺にかかわったとされる人々が,「国際軍事裁判」で裁かれた。当時,ユダヤ人強制移送の指示をしたアイヒマンは,国外逃亡した。しかし,戦後10年以上たってから,潜伏していた南米で発見された。そして,連行されたイスラエルで1961年に,ユダヤ人虐殺の責任者として法廷に引き出された。ところが裁判の中で彼は,「上官の命令に忠実に従ったまでだ」として,無罪を主張したのである。

　上官の命令だからといって人は,罪もない市民を死なせるだろう行動をとるのか。こうした疑問をもった心理学者のS.ミルグラムは,ある実験を計画した。アイヒマン実験と呼ばれている。

　この実験に参加する人たちは,教師役と生徒役とに分けられる。教師役は,別室にいる生徒役の人からインターフォンで伝えられる声を聞く。そして,生徒役が学習課題で誤ったときに,罰として電気ショックを与える。教師役にたいする指示は,白衣を着た大学研究者が与える。この研究者が,権威者としての役割を果たすのである。

　電気ショックは弱いものから強いもの(最高450ボルト)まで,30段階に分かれている。目の前に並んだスイッチを押すことで,別室にいる生徒役にショックを与えることができると教師役は聞かされる。生徒役は手に電気ショックの電極をつけられている,という設定である。

　生徒が誤るたびに,スイッチの段階をひとつずつ上げていく。なお実際には,電気ショックは用いられない。生徒役は実は役者で,スイッチの押されるタイミングに合わせて,苦痛の叫びを上げるなど演技をおこなっていた。

　この実験の結果,事前の予想を覆す結果が明らかになった。約3分の2の参加者が,「命に危険がある」と言われた最高レベルの電圧まで,上げ続けたのである。教師役の人たちの中には途中,抗議の声を上げる人もいた。しかし多くの人は,「権威者」である研究者の指示に,盲目的に従ってしまった。

6　破壊的カルトとその対策

者が出た。この大都市をねらった同時多発テロ事件は，国内外を震撼させた。「破壊的カルト」の危険性が，あらためて広く認識されたと言える。

これらの重大事件もあって，カルトというと狂信的な宗教団体を思い浮かべる人が多いだろう。しかし，実はカルトには，宗教を含む幅広い団体が含まれる。無限連鎖講のような商業カルトもある。政治的カルトもある。第二次世界大戦前からドイツを率いた政党であるナチス（国家社会主義ドイツ労働者党）や，ヒトラーユーゲントも，一種のカルトと見ることができる。現代においても，日本のごく近くに，丸ごとカルト（？）としか思えない独裁国家がある。

統一教会やオウムの事例に見られるように，反社会的な活動をおこなう集団が「破壊的カルト」である。世界には現在，何千もの破壊的カルトが存在するといわれている。そして，これらの団体にはかなり共通して見られる特徴があるという（マインドコントロール研究所，1997）。

6.2 破壊的カルトの特徴

一般に破壊的カルトは，次のような特徴を備えていると言われている*。

1. 絶対的な権力をもつリーダーが存在し，独裁的にふるまう，
2. 本来の意図がメンバー（信者）には隠されている，
3. 「マインドコントロール」をおこなう，
4. 外部社会とは断絶されてしまい，家族や友人と連絡を取ることや脱会することは困難である，
5. 善意につけこむ。

それぞれについて，詳しく見ていこう。

6.2.1 絶対的なリーダーの存在

フォロワーはリーダーに盲目的に服従させられる。オウムなど宗教カルトでは，教祖さまの存在がある。独裁国家は，軍や警察の実権を握った強力な元首が，国を支配している。すべてをリーダーが決める団体では，フォロアーが反対意見の表明を封じられているか，あるいは思考停止の状態にされている。

実際に，麻原というリーダーの出した「人を殺せ」という反社会的な命令が，忠実な部下たちの手で次々に実行されてしまった。オウム真理教の引き起こした松本サリン事件，坂本弁護士一家殺人事件，そして地下鉄サリン事件などは，殺人あるいは殺人未遂事件である。

国外に目を向けると，こうしたカルトの狂信的な反社会的行為は，くり返し行われている。中には，カルト信者たち自身が集団自殺した例もいくつもある。中でも有名なものに，1970 年代，アメリカの

---

* カルトのチェックリスト作成：JDCC 集団健康度チェック目録　ある団体が危険なカルトなのかどうなのかは，必ずしも自明でない。国際的に広がったカルトは多いが，同じ組織でも国によってカルト（セクト）に指定されていたり，外れていたりもする。

そこで，静岡県立大学の西田らは，「集団健康度チェック目録」の作成を試みている（JDCC 日本脱カルト研究会）。組織にも健康診断が必要というわけだ。

カルト研究の専門家ら 8 名が，項目の候補を多数作成した。その原点としては，日本国憲法の基本的人権が据えられている。そして，日本脱カルト研究会の会員を対象にその妥当性を問う（それぞれの項目が，どの程度，反社会的であるか，5 段階で評価）。以後の詳細は略すが，こうした作業を経て，114 項目が選ばれた。その構成は，次の通りであった。

1「入脱会の自由に対する侵害」，2「信教・思想の自由に対する侵害」，3「通信・居住の自由に対する侵害」，4「性・子供の権利に対する侵害」，5「健康・文化的生活の権利に対する侵害」，6「民主教育に対する侵害」，7「組織の民主制に対する侵害」，8「プライバシーに対する侵害」，9「その他の人権に対する侵害」。

このように，客観的にカルトの問題性を示す基準ができると新たな展開も期待できる。情報公開の時代。今後はあらゆる団体が，「カルト度」を公開することになるのだろうか。参照〈http://www.cnet-sc.ne.jp/jdcc/GHI/index.html〉

カルト宗教「人民寺院」の事件がある。教祖は，ジム・ジョーンズである。この時には，南米のジャングルに作られた「ジョーンズタウン」で，信者達900人以上が，集団自殺している。

こうした事件が，過去何十年にわたって世界各地でくり返して生じている。破壊的カルトの存在も，その犯罪も特殊な事例などではない。

6.2.2　本来の意図の秘匿

カルトは世界中に，無数にある。それでも多種多様なカルトに一貫している特徴の一つは，「欺瞞」である。これらのカルトでは，表向きには「真理を追究すること」とか「世界・人類を救うこと」など社会的に好ましい目標が掲げられる。しかし，実態はリーダーの金儲けや欲望を満たすだけが狙いという例が少なくない。

たとえば無限連鎖講（「ねずみ講」と呼ばれる悪質商法）の類では，組織の下の方では絶対に儲からない仕組みである。はじめから，トップの一部の人間だけが金儲けできれば，後はどうなっても構わないわけである。

懐疑主義者でマジシャンのJ.ランディは，こういう人たちを評して，次のように述べている。「彼らは，自分にとっていいことは，いいことだ。以上（他の人たちの苦しみや迷惑など知ったことか）と考えているのです」。

もちろん，正直にそう説明したのでは人は集まらない。みんなが儲かるのだ，と巧妙にウソの説明をしてお金を集めていくのである。

路上でアンケートと称して近づき，カルト等に誘い込もうとする手口がある。大学の中にも，テニスサークルなど，無害な団体を装ったカルトが潜んでいる場合がある。特に，統一教会（統一協会）の「原理研究会（CARP）」は，広く大学に浸透したものだ。これら主要な団体の名称だけでも，知っておくと良いだろう。しかし，会の名前だけを確かめても安心はできない。社会問題化して破壊的カルト

だとばれると，彼らは名前だけ変えて，また同じようなことをやるのだ。こうした危険な団体はすでに無数にあるし，今後も次々にできるだろう。

また，自己啓発や就職セミナーなどを偽装して，カルトの勧誘がなされることがある。とにかく，「怪しい宗教をやっている団体です」とか「反社会的な活動をやっています」と言って宣伝などしない。「実は人からお金をだまし取ることを目的にした団体です」などと言って接近してくるカルトもない。最初は，社会的に有益な活動をやっているように装って近づいてくる。残念だが，「人を見ればカルト（の勧誘者）と思え」という心構えをもつべきなのである。

6.2.3 「マインドコントロール」

いわゆるマインドコントロールと言う方法が用いられることも，カルトでは一般的に見られる。朝鮮戦争中，戦争捕虜などに対して用いられた尋問や教化のテクニックをさしてあるジャーナリストが「brain washing（洗脳）」と呼んだ。被害者は，監禁，極度の疲労，ストレス，苦痛，あるいは不眠といった特殊な肉体的・精神的状況に置かれる。そして既存の考え方を壊され，その国や組織特有の思想をふきこまれる。

心理学では古くから，情報を遮断された状態で人間に何が生じるかに関心を寄せてきた。感覚遮断実験と呼んでいる。この実験は，視覚，聴覚，触覚といった人間の感覚への刺激を極度に抑えた防音室で，協力者を観察する。高額の報酬が保証されているので，協力者は長くこの実験室に留まろうとする。しかし，ただ何もせずにじっとこの防音室にいると，彼らはしだいに幻覚をみるようになる。また，考えもまとまらなくなっていく。そして，48時間で，ほぼ半数の協力者が脱落してしまうのである。恐ろしいことに，こうした状況では，与えられた情報を無批判的に，容易に受け入れてしまいやすくなるといわれる。

ただ，「最近の破壊的カルトが用いる新しい方法は，戦争捕虜が

体験した古いテクニックの要素を踏襲しながらも，もっと洗練され，巧妙に仕組まれた方法であることがわかってきた」(西田, 1995)という。これが，「マインドコントロール」である。つまり，拘禁，拷問といった強引な手口は必ずしも用いず，巧妙に心理操作していくのである。

6.2.4　外部社会との断絶

　脱会の自由が保証されない。一度カルトに入会してしまうと，脱会は極めて困難である。それは，ひとつには外部と情報を遮断した孤立世界に入れられてしまうからである。日本国憲法は，信教の自由も，職業選択の自由も，言論の自由も，住居の選定の自由も認めている。しかし，カルトに参加した場合，これらも認められなくなるだろう。統一教会の例では，配偶者選択の自由さえも奪われるわけだ。

　「修行のために山にこもる」という言葉がある。宗教家は悟りの境地に達するために，俗世間とは異なる世界に生きるものだ，というイメージが強く存在する。このことを悪用して宗教カルトなどでは，冷静で理性的な判断をする他者と被害者とを接触させない。

　オウム真理教のサティアンと呼ばれる「道場」は，良い例であろう。しっかりと囲い込んでしまうのだ。

　そこで，カルトに入ってしまった人を救おうと，家族や友人たちが働きかけようとしても，難しい。当人に連絡，接触することを阻止されているのである。先に挙げた人民寺院の例でも，彼らはもともとアメリカ国内に拠点をおいて活動していた。しかし，南米に集団で移住してジョーンズタウンを形成した後に，集団自殺事件を引き起こした(チャルディーニ, 2007, p.242)。

　また，「修行には財産は不要だ」などと言って，全財産を寄付（没収）させたりする事例も多い。こうなると，後で脱会しようとしても，無一文になってしまっており，一般社会に戻ることもできない。どうしようもない状態に置かれてしまうのである。ヤマギシ会の例

では，脱会した元信者が，財産を奪い返すための裁判を起こして勝訴している。

最近では，携帯メールを用いて接近する手口も現れた。携帯電話を用いると，親や周囲も，そうした勧誘を受けていると気づかない。これも，「囲い込む」という手口である。

携帯電話はとても便利だが，凶器にもなりうる。このことには，十分に注意しなければならない。

6.2.5　善意につけこむ

学生のみなさんも，カルトに入ってしまった友人から熱心な勧誘を受けるかもしれない。「すばらしい会だから，是非一度来てみてくださいよ」と言われた時，誘っている本人もおそらく，あなたを騙すつもりはない。本当に善意の団体だ，ここに入会すれば幸せになれると信じている。そして，本当にあなたにも自分の喜びを分けてあげたい，という善意で接近してくるのだ。

他人からお金を騙し取ろう，と考えて接近してくる人もいる。一方，この例のように，実はその本人も騙されている，マインドコントロールされている，というケースも多いわけだ。だからこそ怖いとも言える。

6.3　自己啓発セミナー

青年期は自分自身に向き合って，私はいったい何者なのだろう，何のために生きるのだろうと悩む時期である。心理学では，アイデンティティの危機などと言われている。こうした悩みに答えを与えてくれそうな相手（破壊的カルトの勧誘者）に，ふらふらとついていってしまう恐れもある。

アイデンティティには，社会的側面があると言われる。人は家族，大学，クラブなどさまざまな集団の中で，それぞれ独自の役割や地位を手にしている。ある集団に所属し，周囲の人々とふれあう中で，

自らの果たすべき役割や特性を学んでいく。たとえば家族の中では，息子や娘として生活している。学校では，生徒や学生として教員から指示を受ける。またクラブにいくと，相手次第で「先輩」とか「後輩」と呼ばれる。アルバイト先では，店員として店長から仕事を教わったり，叱られたりする。こうして人に頼ったり頼られたりする中で，私たちは社会の中での自分の生き方について考える機会を与えられる。

　部屋に閉じこもって，「自分とはなにか」「私は何のために生きるのか」などと考えてみても，必ずしも答えは見えてこない。さあ，若者よ，社会へ出てみよ。友と語れ，というわけだ。

　そこで，自己理解・他者理解を助けるために，人工的につくられたグループの中でさまざまな体験活動をおこなってもらおう。こう考えた社会心理学者や臨床心理学者らは，いくつもの手法を開発してきた。1940年代にレヴィンの創始した「Tグループ」。あるいは非指示的なカウンセリングで有名な臨床心理学者ロジャースの「エンカウンター・グループ」などが知られている。

　しかし，これらの学問的基礎のうえに，1960年代にはいって新しい動きが生じた。アメリカで人間性回復運動の波に乗って，過激なセミナー業が発達する。その多くは，「自己啓発セミナー」という形を取っている。マルチ商法の関係者が提供している est (Erhard Seminars Training) やライフダイナミックスという団体，あるいはそこから派生した団体だという。

　表向きの目的は，「グループでの活動を通じて自分自身と向き合い，自己発見・自己理解を進める」などというものである。しかし，こうした自己啓発セミナーの多くは，本当の目的（金儲け）を隠す（受講料はたいてい，数十万円におよぶ）。リーダーが絶対的な権力を持つ。脱退の自由を奪う，など破壊的カルトの特徴をそなえている。多人数でやる場合も多いことから，大規模自己啓発セミナーとも呼ばれる。

　企業向けの研修をおこなっているところもある。セミナーに社員研修を委ねた会社では，社員が半強制的に受講させられることにな

る。上司という立場を悪用して，研修の名で人権を侵害し，特定の思想を押しつけていると言える。会社も上司も，そのような危険な組織だと気づいていないかもしれない。

　自己啓発，つまり自分自身を高めていこうとすることは本来，良いことである。自己啓発という名のもとに，マインド・コントロールがなされることが問題なのである。実際に，こうした諸団体をめぐる訴訟沙汰など，トラブルもまた少なくない。実習と称して参加者に激しい運動を続けさせて，死亡事故に至った事例もある。受講後に，精神障害を発症した事例の報告もある*。また実際にそうしたセミナーを受講した人の，体験談が出版されている（塩谷, 1997）。

　さらに最近では，「スピリチュアル」やら「パワースポット」のブームだという。確かに，ストレスの多い社会では，癒しも大切である。カウンセリングを受けたり，スポーツで心身を鍛えたり，リラックスしたりするのもいいだろう。しかし，その隙につけこむ悪質な商法や詐欺も多いので，注意が必要である。

6.4 疑似科学的カルト

　ここではサイエントロジーという団体を取り上げよう。正式には，サイエントロジー教会（チャーチ・オブ・サイエントロジー）と名乗っている。もっとも，科学というよりは疑似科学だろう。日本での知名度はまだ低いが，50年以上に及ぶ歴史を持ち，欧米諸国では代表的カルトとみなされているようである。トム・クルーズやジョン・トラボルタら有名人が多数，信者となっていることでも知られる。

　サイエントロジーの創設者は，SF作家のロン・ハバートである。「アバター」という分派もある。この名前も，どうも有名SF映画の

---

*自己啓発セミナーに関する情報ウェブページ〈http://www.dma.aoba.sendai.jp/~acchan/Seminar/faq.html〉

ようだ。カウンセリング，あるいは自己啓発方法の一種として提案されている。ハバートの著書『ダイアネティックス』(1950) は，ベストセラーとなった。(2000万部売れたというが，本当だろうか？) このため広く知られている。心理学や科学の名を悪用したカルトの例であろう。

サイエントロジー教会でおこなうカウンセリングは，「オーディティング」と呼ばれている。ここでは，自己の成長を妨げている過去のトラウマを取り去るという。精神分析的な発想があるようだ。

ただし思想的には，精神医学や心理学とは創設以来，対立関係にある。実際，ロン・ハバートは，公然と精神科医を罵っていた。また，サイエントロジー信者はしばしば，反精神医学のデモをするのだという。そもそも，精神科医が薬物を処方すること自体に反対している。

教義に反対する者たちに対して弾圧を加えて，封じ込める。この手口も，破壊的カルトではよく見られる。オウムの例では，坂本弁護士一家殺害事件があった。オウムの危険性に気づき，警鐘を鳴らそうとした弁護士を，家族もろとも殺そうと考えたようだ。「宗教弾圧に対する当然の自己防衛だ」などと正当化して，彼らはありとあらゆる手で反対者を抹殺しようとする。

サイエントロジーの場合も，異を唱える者に対する過激な攻撃が見られる。批判者に対して，訴訟を多数重ねてきた経緯がある。こうして次々に敵を作るので，それに対する反発もある。サイエントロジーに対しては，アノニマス（無名）という告発団体ができている。この団体も，サイエントロジーのWEBサイトをハッキングしたりしている。こちらも，不気味なカルト的活動をしているとも見える。反カルト団体自体がカルト的になっていくという，珍しい構図である*。

---

*(参考) アノニマス WEB ページ ⟨http://www.xenu.jp/intro.html⟩ Wired Vision Society WEB ページ ⟨http://wiredvision.jp/news/200906/2009062221.html⟩

6.5 破壊的カルトへの対策

破壊的カルトの勧誘は実に巧みなので,一度その内側にはいってしまうと,簡単には抜けられない。まずは内部に引き入れられないように,一人一人が予防することが何より大切だ。こうしたカルトの実態やその典型的な手口を,よく知っておくことだ。

ある宗教や団体がカルトかどうかは,必ずしも自明ではない。誰もが認める問題の多いカルトもある一方,カルトと断定できるのか意見の分かれる組織も少なくないのが実態である。

そこで,疑ったときには,インターネットで調べてみると良い。検索エンジンでその組織名と,「脱退者」「被害」などのキーワードを入れてみるのである。すると,その団体の隠された実態がわかるかもしれない(もちろん,そうしたネット情報のすべてが真実だとは限らない。ここでも,批判的に読み取る必要はある)。被害者の体験談や,対策が書かれている場合もある。

さて,個人の力は限られている。そうしたカルト集団に,組織的に立ち向かえないものだろうか。実は,そうした動きは,いくつか始まっている。

第一に,互助会的な組織である。たとえば,地下鉄サリン事件の後,オウムを脱退した人たちの会がつくられている(カナリヤの会,2000)。こうした「脱退者の会」「被害者の会」は,オウム真理教を含めて主要な破壊的カルトごとに見られる。これは,それだけ多数の被害者が出ているということでもある。

第二に,破壊的カルト問題の研究組織が発足している。オウムの事件をきっかけとして,破壊的カルトの問題に取り組む研究組織が作られた。これが発展したものが,日本脱カルト協会である(日本脱カルト協会,2009)。

第三に,大学レベルでの取り組みである。一部の大学は,カルト問題対策会議をもうけるなどの対策を取り始めている。これは,学生がカルトに関与している場合には保護者に情報を提供したり,勧

誘被害にあった学生が脱会後に社会生活に復帰するのを援助したりするというものである。

また,「全国カルト対策大学ネットワーク」も発足している。韓国のカルト「摂理」の被害にあった大阪大学では,新入生の必修科目として,カルト対策を入れているという。

「そんな怪しい宗教団体など,大学の責任で取り締まるべきだ」という意見もあるだろう。しかし,大学は学問や思想を自由に交流したり,研究する場である。特定の考え方を一方的に「取り締まる」ということには,慎重にならざるを得ない(むろん,明白に犯罪に手を貸している場合などは別である)。警察にしても,怪しいというだけでは,簡単には動けない。

結局ここでも,自己防衛が必要となる。何らかの活動に参加を呼びかけられた時には,それが偽装に過ぎない可能性を常に考えておこう。「音楽やスポーツなどの活動に参加してみませんか」,などという誘いには要注意である。あるいはボランティア活動とか,国際交流などを,名目上の入り口にして,カルトは巧妙に近づいてくる。

無害な団体であれば,堂々と最初からその名前や目的を明らかにできるはずだ。団体名や活動目的を尋ねても,はぐらかしたり答えられない場合は,危険だと判断してよい。最初は単に大学のサークルだと思っていたが後になってから,実は新興宗教だとわかった,などという場合は,間違いなく危険である。二度と参加してはならない。自分で自分を守る姿勢が,何より大切なのである。

考えてみよう! 【400字】

破壊的カルトが用いる典型的な勧誘の手口を述べよ。

7 悪質商法

> **考えてみよう！** 　【400字】
> 悪質商法の代表的な手口を3つ挙げよ。

　以上，破壊的カルトの危険性について考えてきた。次に，いわゆる悪質商法についても簡単にふれておこう。

7.1　振り込め詐欺

　振り込め詐欺が，相変わらず多発している。これだけマスコミや行政が「気をつけて下さい」と呼びかけているのに，いっこうに減らない。警察庁によると，年間の被害額（全国の警察が認知したもの，2009年度）は，96億円に上ったという。

　犯罪者集団の立場からすると，何しろ人を騙して，「お金を振り込め」と指定するだけで，自分の口座に入金される。あっという間に，大金が儲かる。実に楽なボロもうけで，やめられない。

　振り込め詐欺の手口にもいろいろある。中でも代表的なものが，電話で「ご家族が交通事故に遭われました！」と警察を名乗って告げるというものである。また，「仕事で失敗して会社に大損させてしまった。すぐにお金を振り込まないと，クビになるかも」などと，息子を演じて電話をかけるなどが典型的であろう。

　電話を取った側では，大変だと気が動転してしまい，つい相手のペースに乗って大金を指定の口座に振り込んでしまう。こんな手口にひっかかるのは，よほどの慌て者だろう，自分は絶対に大丈夫だ，などと甘く見るべきではない。彼らはプロ集団であり，どうすればよりうまく騙せるかを，よく考え準備してから迫ってくる。一方，

> ### コラム⑭　振り込め詐欺の実際
>
> 　実は筆者の自宅にも，この手の電話がかかってきたことがある。実に巧妙なのである。警察を装った人物から自宅に電話があり，受話器を取った妻は「ご主人が交通事故に遭われました」と言われた。このとき，妻はすぐ私に確認の電話をかけてきた。「あなた，今どこにいるの？」と聞くので，「どこって，もちろん北市だよ」と職場のある場所を告げた。すると，「南市じゃないのね？」と言う。職場のある方角とは全く逆の町である。「南市に行くわけないやろ。今日は普通に，大学で授業だよ」と言うと，「今，警察からと言って電話があって……」と事情を説明した。そこで，「あ，それは今話題の振り込め詐欺や！」と叫んだ。私の所在が確認でき，騙されずに済んだわけだ。
> 　それにしても，危ない所だった。私は携帯電話を持っていて，それが幸いすぐにつながった。しかし，もし私の所在がすぐに確認できなかったら，妻は相手のペースに乗ってしまっていた可能性がある。

こちらはまったくの不意打ちを食らうのだから。

7.2　詐欺や悪質商法の手口

　詐欺や悪質商法には，ほかにも数多くの手口がある。リフォーム商法やキャッチ・セールス，催眠商法などである。ここでは，資格商法やマルチ商法など，特に学生がターゲットにされやすいものを中心に，いくつか紹介しておこう。

　学生は一般に，さほど大金を持っているわけではない。一方，一人暮らしをしている場合も多いし，将来への不安もかかえている。ターゲットにされやすい要因ももちあわせていると言えるだろう。

7.2.1　資格商法（サムライ商法）

　役に立たない架空の資格，あるいは実在の資格を取れると称して，教材費や受講料などの名目でお金を巻き上げる。

7.2.2 マルチ商法

「新会員を紹介すると，そのマージンでもうかりますよ」などと言って会員を勧誘する。そして，高額な商品を買わせる。彼らを販売員に仕立てて，ねずみ算的（連鎖的）に会員を増やしていく。ネズミ講という名称も，ここからきている。

実際には，全会員がもうかることはあり得ない。必ずどこかで破綻する。家族や友人にも被害を広げてしまい，経済的な損失に加えて，人間関係上の問題も残してしまうことが多い。

7.2.3 送りつけ商法（ネガティブオプション）

商品を勝手に送りつけて，受け取った人に代金を請求する。そして，支払う義務があると思わせる。着払いの宅配便を用いて送りつけてくるケースもあるという。実際には，こうして一方的に送られてきた商品に対しては，代金の支払いや返送の必要はない。

7.2.4 架空請求

送りつけ商法と似ているが，商品は届かない。届くのは書類だけである。身に覚えのない商品やサービスの料金を請求する詐欺である。「料金未納訴訟最終通告」等の名称で，警告文書を一方的に送りつけてくる。払わないと大変なことになるかも，という不安をかきたてる手口である。

7.2.5 かたり商法

市役所や警察，消防などの公務員，あるいは何らかの権威者を装う。「消防署の方から消火器の点検に来ました」という言葉で，消火器を売りつける手口は有名である。制服や身分証などの小道具もそろえている可能性がある。よって，外見だけで本物の係員かどうかを判断することは危険である。

コラム⑮　悪質商法の手口を知る

　カルトや詐欺的商法への勧誘では，説得の技法がうまく使われている。以下にあるような基本的なテクニックは，知っておく方がよいだろう。

- 褒めあげる　➡　人がやたらにあなたを褒めたら，少々警戒した方が良い。徹底的に被害者を褒めることも，説得の重要なテクニックとして用いられるからだ。つまりお世辞を言うのである。何となく不安だ，どうも自分に自信がもてないという若者は少なくない。そこで，そんな自分を褒めてくれる人が登場すると，つい嬉しくなってしまう。そしてうまい儲け話に乗ったり，ついていってしまう可能性が高い。しかし，その言葉の裏にはあなたを騙そうという詐欺師の下心が隠れているのだ。

- 小さな依頼から　➡　まず小さな依頼をして，それが受け入れられると，以後大きな依頼がしやすくなる。これが説得における一つの原則とされる。突破口を開くわけだ。そこで，フット・イン・ザ・ドア技法と呼ばれている。来訪者に対してドアを少しでも開けると，そこに強引に足を入れられる。ついには，室内への侵入を許してしまうわけである。

　詐欺的商法においても，まずは少額の取引を持ちかける手口が多い。時期を見はからって，「良かったですね。もうけがでましたよ」などと言って，実際に配当金を振り込む。これで客はすっかり信用してしまい，もっと多額な投資をする。しかし，その直後にその業者との連絡は途絶えてしまうわけだ。

- イエス・セット　➡　「はい，と答える構え」を作り上げていく，という方法である。「今日はいいお天気ですね」とか「お子さんはお元気ですか」とか，日常会話でよくかわされるような言葉がある。こうした会話で，くり返して「はい」と答えるように仕向けていく。すると，相手は「はい」と答える構えができあがってしまう。そして，「この商品をいかがですか」という本題に入った時にも，やはり肯定しやすくなるのである。

- 返報性　➡　他人から何かを受け取ると，それに対して私たちは何かお返し（商品の購入）をしたいと考える。これを「返報性の原則」と言う。人から何かを頂いたら何らかのお返しをすることは，社会人としての常識である。この原則が悪用される例として，何かを送りつけてくる商法がある。たとえ少額の物でも受け取ってしまうと，

「何か返さないといけない」と思ってしまう。結果的に，高い対価を支払ってしまうことがある。

- 正当化 ➡ 悪いことでも，見方を変えて全く別の良いことに転換してしまう手法である。孤独な人→ 強い自己を持っている人，という要領である。

  オウム真理教は「私たちは人を救済するのだ」，と言った。ところが暴走して，罪のない人を無差別に殺す凶悪な集団と化してしまった。オウム真理教内部では当時，殺人を正当化するために「ポア」という言葉が使われた（元はチベット仏教の用語とのことである）。

  屁理屈はつけたが，罪のない人を殺したという客観的事実は動かない。

7.3 対　策

こうした詐欺や悪質商法の被害者にならないためには，次のような原則を厳守することが必要となる。

7.3.1 昔の人の知恵やことわざに学ぶ

「ただより高いものはない」「この世にうまい儲け話などない」……昔からよく言われるこうした警告は，現代でも通用する。忘れてはならない。

7.3.2 見知らぬ相手に，電話番号や住所を安易に教えない

一度これらの個人情報を握られてしまうと，何度も電話をかけてくる，直接訪問してくる，という執拗な勧誘にさらされてしまう。見知らぬ相手に，簡単に個人情報を教えない。これが原則である。意図せずして個人情報が漏れてしまう事件もある。たとえば個人がブログなどにデジカメの写真を掲載する。その写真から，撮影場所が特定されるおそれがあるという（写真を見た限りでは，位置を特定できる手がかりは何も写っていない）。

これは，GPS機能を内蔵したデジカメの写真には，位置情報のタ

グが入るためだ。その読み方を知っている人には，その写真がどこで撮影されたかがわかる。確かに，撮影された場所の情報が写真についていれば，「これは北海道旅行の時の写真，これは自宅で撮った家族写真……」という分類，整理が容易にできる。こうした情報技術は実に便利ではあるが，意外な危険性も秘めているのだ。

7.3.3　見知らぬ相手との直接接触は避ける

直接の訪問を受けた場合，けっしてドアを開けてはならない。宅配便の配達を装って，ドアを開けさせようとする手口もある。この場合は，「配達員」にその荷物の送り主を尋ねて，覚えがなければ断る。また，自分で購入して送る荷物は，受け取り時間を指定しておくなどの方法で，危険性を減らすことができる。

7.3.4　留守電などの機能を利用する

固定電話は，いつも留守電の状態にしておく方法もある。また，発信元の電話番号を表示するサービスもあるのでこれを利用すると，話をする前に相手を確認できる。受けてしまった時も，怪しいと思ったら，さっさとこちらから電話を切る。

7.3.5　きっぱりと断る

話をもちかけられた時に，あいまいな返事をしない。「結構です」などと，肯定とも受け取れる返事をしてはいけない。確かに「それで結構です」などと言うと，それはイエスの意味である。日本語は難しい。そこで，契約が成立したとみなされて，商品と請求書が届くということになる。はっきり「関心ありません」「いりません」と断ることが必要である。

7.3.6　クーリングオフ制度を利用する

「セールストークに乗せられて，商品を頼んでしまった。でも，あらためて考えてみると，やはり必要ない。買うのをやめよう」と思

うことがある。この場合，一定期間内であれば，無条件に解約できる制度がある。クーリングオフ制度という。このとき，電話ではなく，必ず書面でおこなう。契約を解除するという意志を明確に伝え，またその証拠を残すためである。郵便局の窓口を通じて，内容証明郵便を送る方法などがある。訪問販売の場合，期間は8日まで（マルチ商法などは20日まで）である。ただし，クーリングオフができるには，一定の条件を満たすことが必要となる。また，通信販売は対象にならない。

考えてみよう！　　　　　　　　　　　　　　　　　【200字】

ネガティブオプションの手口とその対策を述べよ。

8 知っておくべき心の病

> **考えてみよう！** 　　　　　　　　　　　　　　　　　　　【300字】
> ・うつ病の主な症状は何か。
> ・心の病を薬で治すことは可能か。

8.0　身の回りにある心の病と個性

　個性をもっているのは，いいことである。だが，私たちはしばしば，自分が人と違うことを嫌う。他の人よりも太っている，背が低い，目が小さいなど，外見上の違いを気にする人は少なくない。周囲からは個性的，魅力的と見えても，本人はそうは考えないのだ。もしみんなの外見が同じだと，世の中はSFに登場するサイボーグ軍団のようになってしまう。かえって不気味である。

　とはいえ，あまりに人と違った行動をとると，「変な人」と見られるのも事実である。街角や電車の中で，一人でぶつぶつ何かしゃべっている人をみかけることがある。ささいなことが原因で周囲の人と衝突して，やたらにトラブルを起こす人もいる。落ち込んでしまって，部屋に閉じこもる人もいる。

　もちろん性格や個性による「変に見えるおこない」もあるだろう。ただ，こうした「ちょっと変だな」と見える人たちは，心の病にかかっている可能性もある。身近な人やあなた自身が，こうした心の病にかかるかもしれない。身体の病気と同様，こころの病気も，実はごく一般的に見られるのである。

　私たちの脳は通常，生化学的に微妙なバランスを保ちながら機能している。しかし，そのバランスが崩れることがある。どのような

種類の疾患があるのか，どう対処したら良いのか，基礎知識を持つことも必要であろう。

8.1 う　　つ

うつ（鬱）は，非常に多く見られる精神疾患である。15％の人が，一生のうち一度はこの病気になると指摘する研究者もいる。さまざまなストレスや苦難，悲嘆を経験するなかで，人が精神的に「落ち込む」ことは少なくない。それが病的になった状態がうつである。意欲の減退や悲観的な考え，自責の念，あるいは睡眠障害や頭痛などの身体症状が見られることもある。

軽いうつの状態であれば，治療によって早く回復できる。しかし，うつ病は重篤な場合，自殺などの重大な結果につながる例もある。このため，入院治療が必要な場合もあり，慎重な対処が求められる。周囲の人も，がんばれと励ましたり，気のもちようだよと言ったりしてしまいがちである。しかし，うつ病は治療を要する「病気」である。がんばってはいけないのだ。

躁鬱病といって，躁の状態とうつの状態とを繰り返す場合もある。双極性障害とも呼ばれている。躁の状態では，気分がよく，非常に楽観的になる。自分が偉くなったような気分になったり，大金を使ってしまったりする。そして，うつ状態に突入した時には，躁状態のときの行動をふりかえって，自己嫌悪に陥ることになる。陽性で活動的な躁状態も，うつ状態と同様に問題を引き起こすのである。

8.2　統合失調症

統合失調症は，人口の1％が生涯のうちにかかると言われる。うつほどではないが，これもごく一般的な精神疾患である。かつては精神分裂病と言われていた。「分裂」といっても，現実と隔絶されている，という意味である。しかし，誤解を招きやすく，患者の差別

を助長しかねないという判断から，現在の呼び名に変更された。

その代表的な症状に，幻覚や妄想がある。幻覚とは，現実には存在しない見えないはずのもの（たとえば霊，宇宙人）が見えたり，聞こえないはずのものが聞こえる症状である。また，妄想とは，盗聴されている，陰口を言われている，命を付け狙われているなどと思い込むものである。この結果，恐怖にかられて突然外に飛び出すなど，異常な行動に出てしまう。彼らは，正常な認知をしている私たちとは別の環境を体験しているのである。

一方，思考力や記憶力，意欲が低下する，感情が平板になるなどの症状もある。このように，統合失調症は，人間らしさを失っていく恐ろしい病気である。しかも，10代から20代という若いときに発症する場合が多い。

統合失調症の原因は，まだ解明されていない。しかし，神経伝達物質の量や機能に，何らかの問題が生じていると考えられている。現在では有効な薬が開発されている。

8.3 不安神経症

蛇が嫌い，虫が嫌いという人は多い。このような特定の動物にたいする恐怖は，人類が進化する過程で獲得したものだと言われる。確かに蛇やある種の昆虫は，猛毒を持っている可能性がある。大型のほ乳動物である人も，簡単にやられてしまう油断のならない強敵なのである。そのような強敵を目にして恐怖を覚えることは，人が生き延びる上で不可欠だったと考えてよい。

また，人は高いところやナイフのような尖った物など，ある対象に対して強い恐怖を感じる。このような恐怖や不安は，誰でも共有している。高層ビルの屋上から平気で身を乗り出す人は，常に死の危険と隣り合わせになってしまう。ナイフのように先端の尖ったものを見た時に，怖いと思う気持ちを持つのも，健全で正常である。つまり，なにか危険な状況での不安や恐怖それ自体は，身を守るた

めに必要で正常な情動なのである。

しかし，そのような不安や恐怖の気持ちが強くなりすぎると，不適応になる。社会生活に支障を来すことになり，治療の対象となる。たとえばやたらに清潔好きで，掃除ばかりしている。手が汚いと言って，洗ってばかりいる（適度なら，有効なインフルエンザ対策だが）。また，外出した後で，自宅の玄関に鍵をかけたかどうか心配になって，途中で何度も引き返してくる。横でこうした行動を見ていると明らかに不合理だが，本人はやめることができない。いわゆる「強迫的」な行動である。

実際，何十分もかけて手を洗ったり，通勤の途中で何度も家に引き返すようになってしまうと，困ったことになる。さらに，家族や友人に，同じように手を洗うように嘆願するなど，周囲をまきこむ場合もある。

また，社会的な不安は，多くの若者が抱える問題である。つまり，異性との会話，人前でのスピーチなどに強い不安を感じてしまう。そのような対人場面では，非常に緊張して心臓がどきどきしたり，手足が震えだしたりする。不安神経症は，現在では抗鬱薬（SSRI）や行動療法で改善できる。

8.4 境界性人格障害

学校や教師に対して理不尽な要求を繰り返す「モンスター・ペアレント」が問題になっている。このように他人との間で，やたらにトラブルをかかえる人がいる。こうした困った人は，学校だけでなく，社会のあらゆるところで見られる。

ささいなことが原因で激しく他人に暴言を吐いたりする人は，反社会性人格障害や境界性人格障害などの精神疾患であるかもしれない。この障害では，自己の感情コントロールがうまくできない状態にある。

境界性人格障害の人は，すべてを白か黒に分けて見たり考えたり

してしまう特徴をもっている。自分自身のことを誇大視していたかと思うと，突然に無力感を見せる。また対人関係でも，親しく話をしていたかと思うと，急に激怒したり相手を非難し始めたりする。こうして，両極端の間を不安定にゆれ動いてしまうのだ。そのため，周囲の人達をひどくびっくりさせてしまったり，怖がらせたりする。

境界性人格障害は長い間，治療できないと思われてきた。しかし，現在では治療が可能であるとわかっており，薬物療法や心理療法が用いられる（クリーガー＆ガン，2008）。

8.5 対　　策

こうしたこころの病は，一般にまだその原因がよく解明されていない。しかし，現時点では，脳内の生化学的な問題が関係していると考えられている。実際，ある種の薬で症状が改善される場合も多い。また，心理療法の併用が有効だと考えられている。重大な結果を引きおこすことのある病気なので，早期に適切な処理が求められる。

病気になるのは，何も恥ずかしいことではない。迷わず，専門家に頼ることだ。学内の保健室や学生相談室に顔を出してみよう。

また，こうした心の病の苦しみは，周囲の普通の人からは理解しづらいものだ。車いすを使っている人などの場合と違って，見た目には普通の人々と何ら変わらないからである。そこで，同じ病気に苦しむ人々同士で集まり，その苦しみを共感しあう互助的な組織も作られている。

では，友人や家族がうつや統合失調症などの病になった時に，どのように向き合えば良いのだろうか。一般に，うつになった人には，「がんばれ」と声をかけてはいけないと言われている。うつ病の場合，本人は実にがんばって，がんばって，限界に達しているからである。それも，脳の機能が低下する病気になっているのだ。さらに努力せよと求めるのは，無理である。「じゃあ，がんばってね」という言

葉は，別れ際などにはよく使うものだ。よほど気をつけていないと，つい口に出てしまうだろう。

また，統合失調症の患者さんが退院して，ご家族と過ごす場合，かえって再発率が高い（三野, 2002）。これは，家族が患者さんを叱ったり，批判的に接するなどしてしまうからではないかと考えられている（高感情表出）。つまり，家族がストレスを強く与える接し方をしてしまいがちだという。適切な接し方ができない限りは，むしろ家族が距離を置いていた方が，再発予防には有利なのである。そこで，ご家族を対象に，適切な対応を学んでもらおうという取り組みも始まっている。

見てきたとおり，自らがこころの病気にかかる可能性は決して低くない。また家族や友人が心の病をかかえた場合にも，正しい知識があれば，適切に対処できるのである。

考えてみよう！　　　　　　　　　　　　　　　【400字】
- こうした心の病をかかえた人たちへのかかわりにおいて，留意すべきことを述べよ。
- 統合失調症の主な症状を述べよ。

9 酒とタバコ，そして自動車と自転車

> **考えてみよう！** 【200字】
> 人はなぜタバコを吸うのだろうか。なぜお酒を飲むのだろうか。

9.1 酒

　生きていくためには，水や食料が欠かせない。しかし，人は酒を飲まなくても生きられる。では，人はなぜ酒を飲むのだろうか？たばこはどうだろうか。

　理由はいろいろあるだろう。「おいしいから」「周囲が飲むから」，たばこを吸う人はどうだろうか。なぜ吸い始めたのだろうか。やはり「おいしいから」かもしれないし，親が吸っていたからかもしれない。また，ストレス発散のためからも，あるいは単に「かっこいいから」かもしれない。

　学生の多くは大学在籍中に，酒類を飲み，あるいはたばこを吸うことが法的に許される年齢になる。現代の日本では，多くの大人が酒を飲むし，たばこを吸う人も少なくない。

　全国的な調査の結果から，日本では成人男性の95.0％，女性の84.9％が飲酒経験をもつという（清水・金・廣田, 2004）。また，日本たばこ産業の調査（2010）では，成人男性の平均喫煙率は36.6％である。そこで，周囲の人が飲んでいるからとか，あるいはなんとなくはじめる人も多いだろう。

　一人あたりの飲酒量を国別に見ると，一般に欧米諸国では飲酒量が多く，イスラム諸国は少ない。これは主に，宗教的な理由から酒を飲まない人が多数派になっているからだろう。日本人の飲酒量は，

国際的には特に多くない。

　手を出すか出さないかは，自分の意志で決めればよいことだ。しかし，会食の席では，アルコールを他人から勧められる場面も出てくる。先の清水らの研究でも指摘されているように，日本の飲酒文化の特徴は「共に飲酒するのみならず，共に酔うことが期待されること」にある。

　酒類は，効用もある反面，健康に悪い影響を及ぼすおそれがある。飲み方を誤れば，急性アルコール中毒で死ぬおそれもある。特に，大学生が強制されて「一気飲み」をするなどして，死亡事故につながり，たびたび問題となってきた。特に，クラブや同好会などの団体では，要注意である。

　アルコール類の一気飲みを人に強要することは，絶対に許されない。先輩が後輩に無理に勧めるのは，「アルコール・ハラスメント」（アルハラ）となる。他人に性的行為を無理に迫ったり，不快感を与えたりするセクハラ（セクシャル・ハラスメント）と同様である。「俺の酒が飲めんのか」と言って，後輩に無理矢理飲ませる先輩にはならないで欲しい。

　アルコールは，分解酵素の働きで処理される。その処理能力にも個人差はあるが，いずれにせよ限界というものがある。それを超えたスピードで飲めば，血中アルコール濃度が上昇して，命にかかわる危険な状態となる。

　ちなみに，欧米人なら誰でも持っている分解酵素の一種を，日本人の半数が欠くことも，知っておくと良いだろう。つまり，酒に弱い日本人は少なくないのである。

　一気飲みの強要は，人を殺してしまいかねない危険な行為であると認識すべきである。そのような強要を許しているクラブは，さっさとやめたほうが良いだろう。

　また，すっかり酔っ払ってしまった人は，決して一人にしないでつきそうことが必要である。一人で帰宅する途中で倒れて，凍死してしまった事例などもあるからだ。

9.2 タバコ

たばこも,健康に対する害が大きいことが,最近では広く認識されるようになった。本人への健康被害だけではなく,周囲への悪影響も懸念されている。いわゆる受動喫煙(たばこを吸わない人が,他人のたばこの煙を吸わされること)である。

そこで,学校や病院,駅やレストランなど公共の場での禁煙や分煙が,広まっている。平成14年に健康増進法が制定された。これによると,多数の人が集まる施設の管理者は,受動喫煙を防止するため,必要な措置を講ずるよう努めなければならないことになっている。

レストランなど不特定多数の人が集う場所では,分煙などの対策を取っている割合が増えてきた。一方,そうした対策を取らないところには,よそを追い出された愛煙家が集中する。このため,たばこを吸える店は,苦手な人にはひどく劣悪な環境となってしまっている。

国立がん研究センターのウェブページは,喫煙とがんとの関係を次のように説明している (http://ganjoho.jp/public/pre_scr/cause/smoking.html)。

> 喫煙は,さまざまながんの原因の中で,予防可能な最大の原因です。日本の研究では,がんの死亡のうち,男性で40%,女性で5%は喫煙が原因だと考えられています。特に肺がんは喫煙との関連が強く,肺がんの死亡のうち,男性で70%,女性で20%は喫煙が原因だと考えられています。

また,喫煙者でなくとも実に腹の立つ裏話の書かれた本がある。それは,ASH(2005)『悪魔のマーケティング』である。ASHとは,英国のNGOであり,欧米タバコメーカーの内部文書に記された事実を,本書で詳細に明らかにしている。タバコメーカーが健康

に及ぼす害を，国民の目から隠し通そうとする姿が描かれているのだ。早くからタバコの健康に及ぼす影響は研究されていた。そしてその結果，タバコの危険性を認識しながらも，彼らはそうした都合の悪い研究結果を封印してしまった。

タバコメーカーは，タバコに含まれるニコチンの依存性も隠してきた（ASH, 2005）。依存性は重大な問題である。つまりそれは，タバコは麻薬あるいはそれに近いものだ，ということを意味するからだ。

さらに，放射線医の中川（2012, p.62）は次のように述べている。

> タバコは毎年500万人の命を奪う「20世紀最大の人災」です。がんについても，その原因のトップです。日本からタバコがなくなれば，日本人のがんの約20％（男性では約30％，女性では3〜4％）」が消滅すると推定されます。

これらの数字を見るだけでも，やはりタバコは吸わないほうがいい，吸っているならやめた方が良いと思う。禁煙に関しては，イヴィングス（2007）などで，具体的な方法が示されている。

9.3　自　動　車

9.3.1　車と上手に付き合う

所在地の条件などにもよるが，自動車での通学を一部の学生に認めている大学がある。ただこの場合も，大学としてはあまり車を使って欲しくない。何より，車が大学構内にやたらに出入りすると安全への懸念がある。また，周囲の住民から違法駐車や騒音を巡って苦情を受けたりもするからだ。

一方，学生の立場からすると通学の手段として車が不可欠な場合もあるだろう。公共交通機関が不便なところに位置する地方の大学などでは，特にそうだ。また，クラブなどに使う道具の運搬などに，

どうしても車が必要だという時もあるだろう。そこで，車で大学に通学するという場合には，一般に次のような手順を取ることになる（これらの多くは，自動二輪の場合にもあてはまる）。

1）免許を取る

当然だが，まずは運転免許証を取得する必要がある（コラム参照）。学生の間は車に乗らない，という人も取っておく方が良いだろう。学生時代を逃すと取れなくなるし，就職にも必要だからだ。

2）自動車通学と駐車場利用の許可を申請する

自動車通学と駐車場利用の許可を大学に申請する。駐車スペースは有限だから，許可がおりない可能性もある。4年生や院生にしか認めていない大学もあるし，通学距離に制約を設ける場合もある。いっそのこと，成績の良い学生にのみ許可を出すようにしたらどうかとも思う（冗談です，冗談）。

なお，許可を受ける際に，交通安全講習の受講を義務づけられている場合もある。

コラム⑯　教習所（自動車学校）通い

満18歳に達すると，普通自動車の免許証が取得できる。実際に車の運転をするかどうかはともかく，免許証だけは取っておいた方が良いというのが実情だろう。都会にいると気づかないが，地方での暮らしに自動車は欠かせない。

就職の際に，履歴書に「普通自動車免許証取得」と書けるし，身分証明書にもなる。また，取得にはかなりまとまった時間がかかる。「そのうち」と言っていると，取れなくなるのだ（合宿で集中的にやっても，2週間くらいはかかるようだ）。

このように，学生時代が免許取得のチャンスなのである。それも，1〜2年生のうちがいい。3年以降になると，試験だ就職だと忙しくなる。まとまった時間を取ること自体が，とても難しくなってしまうからだ。

ほとんどの人が，教習所に通って技能練習し，試験を受ける。

3) 駐車場を確保する

これも当然だが，置く場所がないと，車は買えない。駐車場を家の近くで借りるとなると，うまく見つかったとしても月あたり何万円もかかる。

4) 車を入手する

親がよほどの金持ちでない限り，学生の身分でポンと車を買える人は多くなかろう。実際には親の車をたまに借りて乗るとか，苦労してアルバイトをしてお金を貯めて頭金をつくり，ローンを組むことになる。

たとえ中古車でも，高い買い物になる。しかも車は買った後も，月あたり何万円もの維持費が伴う「金食い虫」である。ガソリン代や駐車場代がかかることは，すぐわかるだろう。しかしこの他にも整備・消耗品代，車検，保険に税金などなど，車を持っているだけでお金がどんどん出て行く。本来は，安定した収入のない学生が持つようなものではないのだ。単に移動の便利な手段ということならば，原付でも十分かもしれない。本当に車を買う必要があるのかを，よく考えて欲しい。

5) ローンを返す……車のために働かされる

「自転車操業」という言葉がある。自転車は走り続けていないと倒れるところから，苦しい中で，働き続けるしかない経営状態を意味している。ここは車の話だから「自動車操業」を余儀なくされるというわけである。アルバイトをして，ローンを組んで車を買う。ローンを返すためにまたアルバイト……。車という道具のために，働かされる。

ローンがまだ残っているのに大きな事故を起こしてしまい，廃車。後にローンのみが残る，などという悲惨な例もある。

9.3.2 運転者としての責任を果たす

無事に車が手にはいったら,安全第一！アルコールを飲んだら絶対に乗らない,自分はもちろん同乗者にもベルトをさせるなど,安全への配慮をくれぐれも忘れないで欲しい。

9.4 自転車（チャリ）

9.4.1 学生の愛車

かつては,自家用車に乗る学生は比較的限られていた。まれに,えらい先輩やら,生意気な後輩やらが乗っていた程度なのだ。学生の愛車といえば自転車のことで,当時は「ケッタ（ケッタマシン）」とか「チャリ（チャリンコ）」と呼ばれていた。もっともケッタは東海地方あたりの方言らしい。一方,「チャリ」という言葉は今でも広く使われているようだ。

通学にはもちろんだが,キャンパス内での移動にも,自転車は大活躍する。何しろ大学という所はやたらに広い敷地に建物が散在しているから,歩いていると結構大変なのだ。このため,建物の前はどこも学生の自転車だらけである。

9.4.2 放置や盗難に注意

キャンパス内は良いが,市内でそのあたりに放置していると,迷惑がられる。地域によっては,自転車の不法駐車取り締まりがやけに厳しく,トラックが巡回していて持って行ってしまう。

盗難の危険性もかなり高いので,駐輪する際に施錠は必須である。驚くべきことに「サドルだけの盗難」という事件もかなりある。サドルだけ盗んで何に使うのか疑問だが,実際にかなり発生していて,サドル専用の盗難防止ワイヤ錠まで売られている。米国の大学では,学生が自転車のサドルを持ち歩いているのを見かけることがある。最初に見た時には驚いた（変な学生だな……）。それだけでは,何の役にも立ちそうにないからだ。ただ,確かにサドルが無いと自転

車には乗れないのだし，盗難防止には有効な方法だ。自転車そのものの盗難も，サドルの盗難も防ぐことができるのである。とはいっても，かなり邪魔な荷物だと思うが。

自転車盗難を防止するには，①防犯登録する，②施錠する，③駐輪する場所を選ぶなどが必要である。当然だが，泥棒は人目を嫌う。人目の無い所ほど，狙われやすい。このほか現在では，盗難防止用のアラームや，GPSを用いた追跡装置なども市販されている。

絶対に盗られるのがいやだと思う人は，こういう装置に多少の投資をするといい。

ちなみに，米国ではローラースケート通学とか，スケボー通学，というのも見かけたことがある。文化とか道路事情の違いなのだろうか。日本の大学では，これらを通学手段として使うのは一般的でないようだ。スケボーは少々騒音が出るので，禁止されている大学も多いのかもしれない。

考えてみよう！ 【400字】

タバコを吸う人のイメージは，あなたにとっては良いものだろうか。悪いものだろうか。そのイメージは，これまでどのようにして形成されてきたのだろうか。

文　　献

ASH（ACTION ON SMOKE AND HEALTH）／津田敏秀・切明義孝［翻訳・解説］（2005）．悪魔のマーケティング―タバコ産業が語った真実　日経BP社

浅羽通明（1996）．大学で何を学ぶか　幻冬舎

チャルディーニ, R. B.／社会行動研究会［訳］（2007）．影響力の武器―なぜ，人は動かされるのか　第二版　誠心書房

カナリヤの会（2000）．オウムをやめた私たち　岩波書店

藤澤伸介（2002）．ごまかし勉強　新曜社

イヴィングス, K.／作田　学（監）・福池厚子（訳）（2007）．喫煙の心理学―最新の認知行動療法で無理なくやめられる　産調出版

梶田正巳（2003）．勉強力をみがく―エキスパートへの道　ちくま新書

クリーガー, R & ガン, E.／荒井 英樹・黒澤 麻美［訳］（2008）．BPD〈＝境界性パーソナリティ障害〉のABC―BPDを初めて学ぶ人のために　星和書店

マインドコントロール研究所（1997）．親は何を知るべきか―破壊的カルトとマインドコントロール　いのちのことば社

南　学（2009）．心理学概論の講義がクリティカルシンキング志向性に与える影響　三重大学教育学部研究紀要（教育科学）**60**, 275-285.

南　学（2010）．心理学概論の講義がクリティカルシンキング志向性に与える影響（2）―心理学に対するイメージとの関連　三重大学教育学部研究紀要（教育科学）**61**, 251-262.

三橋貴明（2009）．マスゴミ崩壊―さらばレガシーメディア　扶桑社

溝上慎一（2009）．授業・授業外学習による学習タイプと能力や知識の変化・大学教育満足度との関連性―単位制度の実質化を見据えて

中川恵一（2012）．　放射線医が語る被ばくと発がんの真実　KKベストセラーズ

三野善央（2002）．精神分裂病の家族研究　講座臨床心理学4「異常心理学Ⅱ」東京大学出版会　pp. 257-277.

西田公昭,（1995）．マインド・コントロールとは何か　紀伊國屋書店

日本脱カルト協会（2009）．カルトからの脱会と回復のための手引き―〈必ず光が見えてくる〉本人・家族・相談者が対話を続けるため

西城有朋（2005）．誤診だらけの精神医療―なぜ，精神障害は治らないのか

塩谷智美（1997）．マインド・レイプ　自己啓発セミナーの危険な素顔　三一書房

島田博司（2001）．大学授業の生態誌―「要領よく」生きようとする学生

玉川大学出版部
清水新二・金　東洙・廣田真理（2004）．全国代表標本による日本人の飲酒実態とアルコール関連問題―健康日本 21 の実効性を目指して
　　www.nara-wu.ac.jp/life/family/shimizu
梅棹 忠夫（1969）．知的生産の技術　岩波新書

著者紹介
宇田　光（うだ・ひかる）
南山大学総合政策学部総合政策学科教授
名古屋大学大学院教育心理学専攻博士課程前期修了。教育学修士。
日本教育心理学会学校心理士。三重県の松阪大学（現三重中京大学）において15年間勤務の後，現職。
本来の関心分野は，児童・生徒の学習方法や教師の指導方法の研究。現在，大学での授業改善の方法論を中心に研究・実践をおこなう。

大学生活を楽しむ護心術
初年次教育ガイドブック

2012年8月15日	初版第1刷発行	定価はカヴァーに表示してあります

著　者　宇田　光
発行者　中西健夫
発行所　株式会社ナカニシヤ出版
〒606-8161　京都市左京区一乗寺木ノ本町15番地
　　　　　　　Telephone　075-723-0111
　　　　　　　Facsimile　075-723-0095
　　　Website　http://www.nakanishiya.co.jp/
　　　Email　　iihon-ippai@nakanishiya.co.jp
　　　　　　　郵便振替　01030-0-13128

印刷＝ファインワークス／製本＝兼文堂／装幀＝白沢　正
Copyright © 2012 by H. Uda
Printed in Japan.
ISBN978-4-7795-0682-6

本書のコピー、スキャン、デジタル化等の無断複製は著作権法上の例外を除き禁じられています。本書を代行業者等の第三者に依頼してスキャンやデジタル化することはたとえ個人や家庭内での利用であっても著作権法上認められていません。